PSICOLOGIA E TRÂNSITO

Reflexões para pais, educadores e (futuros) condutores

Fábio de Cristo

PSICOLOGIA E TRÂNSITO

Reflexões para pais, educadores e (futuros) condutores

Casa do Psicólogo®

© 2012 Casapsi Livraria e Editora Ltda.
É proibida a reprodução total ou parcial desta publicação, para qualquer finalidade, sem autorização por escrito dos editores.

1ª Edição	*2012*
Diretor Geral	*Ingo Bernd Güntert*
Publisher	*Marcio Coelho*
Coordenadora Editorial	*Luciana Vaz Cameira*
Diagramação	*Sergio Gzeschenik*
Capa	*Carla Vogel*
Coordenador de Revisão	*Lucas Torrisi Gomediano*

Dados Internacionais de Catalogação na Publicação (CIP)
Angélica Ilacqua CRB-8/7057

Cristo, Fábio de
  Psicologia e trânsito: reflexões para pais, educadores e (futuros) condutores / Fábio de Cristo - São Paulo : Casa do Psicólogo, 2012.

ISBN 978-85-8040-101-1

1. Psicologia 2. Trânsito 3. Pedestres 4. Comportamento 5. Educação
I. Título

12-0098   CDD 388.41019

Índices para catálogo sistemático:
1. Trânsito : aspectos psicológicos
2. Trânsito : educação

Impresso no Brasil
Printed in Brazil

As opiniões expressas neste livro, bem como seu conteúdo, são de responsabilidade de seus autores, não necessariamente correspondendo ao ponto de vista da editora.

Reservados todos os direitos de publicação em língua portuguesa à

Casapsi Livraria e Editora Ltda.
Rua Simão Álvares, 1020
Pinheiros • CEP 05417-020
São Paulo/SP – Brasil
Tel. Fax: (11) 3034-3600
www.casadopsicologo.com.br

Dedico este livro à minha adorada esposa Lílian, às avós Bina e Anita (*in memoriam*), aos meus irmãos Fabiano, Marcelo, Sabina e Cristina, à minha querida mãe Glória e ao saudoso pai Fabiano de Cristo (*in memoriam*).

Sumário

Agradecimentos 9
Prefácio 11
Apresentação 15

1 - Psicologia e trânsito? Mas o que isso tem a ver? 19
2 - Trânsito: um espaço de convivência social 23
3 - Todos somos pedestres 27
4 - Falando de sexo, drogas e... trânsito! 31
5 - Os primeiros instrutores de trânsito 35
6 - Os perigos potenciais da instrução informal 39
7 - Condições para o bom comportamento no trânsito 43
8 - Se o brasileiro soubesse antes... 47
9 - O desafio da educação para o trânsito na formação do condutor 51
10 - "Por que tenho de seguir as normas do código de trânsito?" 57
11 - Saber e querer 61

12 - Pequenas ações, grandes malefícios 65
13 - Transitar é arriscar-se! 69
14 - Estresse no trânsito: o que é e como evitar? 73
15 - As emoções no trânsito 79
16 - Álcool, mídia e deslocamento humano 83
17 - O que são duas mosquinhas? 87
18 - O uso correto e responsável da motocicleta 91
19 - Comunicar é preciso 95
20 - A *internet* na educação para o trânsito 101
21 - Manutenção veicular para a proteção
    ambiental: "ecochatice" ou necessidade? 105
22 - O futuro do automóvel no século XXI 109
23 - Manifesto pela educação no trânsito 113

Bibliografia 119
Sobre o autor 125

Agradecimentos

Agradeço a todos os que contribuíram para que este livro fosse publicado, em especial a minha esposa, pelo incentivo, paciência e pelas incansáveis revisões. A sua cooperação e o seu carinho enchem-me de ânimo para trabalhar e viver. Partiu dela a ideia de escrever os textos "As emoções no trânsito" e "A *internet* na educação para o trânsito". Agradeço a minha mãe e a meus irmãos por todo o apoio, confiança e admiração. Agradeço a leitura, os valorosos comentários e o estímulo à publicação vindos do professor José Pinheiro e de sua esposa Heliana Pinheiro, do professor Hartmut Günther e da psicóloga Soraya Souza. Obrigado aos meus amigos queridos e aos leitores atenciosos do meu *blog* que comentaram e mandaram *e-mails* sobre os textos, e ainda à editora Casa do Psicólogo, por acreditar neste projeto, viabilizando a publicação do meu primeiro livro.

Prefácio

Todo livro tem uma ou mais histórias para contar. Todo livro também tem a sua própria história que, geralmente, não é contada. O leitor não sabe, portanto, as motivações do autor para investir tanto esforço, tempo e recursos para escrever e publicar. A história de um livro, todavia, pode ser tão inspiradora, gerar aprendizados e ser tão interessante quanto as histórias que ele conta...

Desde que comecei a minha – às vezes solitária – trajetória de estudos sobre o comportamento humano no trânsito, desenvolvi o interesse por compartilhar, de alguma maneira, as coisas que eu lia. Era uma consequência natural de quem ansiava por ajudar a divulgar algo que acreditava, e que ainda acredito, ser de grande importância para todas as pessoas: a harmonia no trânsito.

O primeiro passo ou desafio na concretização deste intento surgiu em novembro de 2006, quando o amigo Marcelo Menezes viabilizou os contatos necessários para eu publicar textos em um *blog*[1], hospedado inicialmente pela Diginet, uma empresa de tecnologia e *internet* com sede em Natal, Rio Grande do Norte.

Naquele momento, eu não pensava em publicar um livro; queria apenas divulgar para a sociedade alguns dos meus escritos que relacionavam Psicologia, minha área de formação, com um objeto de estudo bastante problemático e pouco investigado pelos psicólogos em geral: o trânsito. Eu me perguntava: "Será que as pessoas acharão isto interessante?"

Para minha surpresa, muitos internautas deixaram comentários e mandaram *e-mails* (como ainda hoje o fazem) elogiando, agradecendo, incentivando ou criticando os textos, o que me deixava bastante feliz, porque, em alguma medida, eles respondiam às minhas "provocações". Os textos mais antigos continuaram sendo bastante acessados, indicando que seus conteúdos oferecem conhecimentos e reflexões sem "prazo de validade", isto é, não são "conteúdos descartáveis" com o passar do tempo.

Devido ao fato de várias pessoas utilizarem os textos como fonte de informação e pesquisa, os escritos acabaram por despertar o interesse da mídia e da sociedade. Para citar alguns exemplos: um jornal local utilizou

---

[1] O *blog Psicologia e Trânsito* pode ser lido atualmente em: <www.portalpsitran.com.br>.

algumas informações dos textos para subsidiar matérias sobre trânsito. Revistas de mercado de seguro, de arquitetura e urbanismo, revistas locais e jornais informativos de escolas particulares também solicitaram entrevistas e opiniões sobre conteúdos publicados no *blog*.

Além disso, agentes de trânsito solicitaram o uso de um texto para colaborar na elaboração de projeto educativo a ser apresentado aos vereadores de uma cidade brasileira; o representante do sindicato dos instrutores de trânsito pediu autorização para usar um dos textos como mais uma justificativa ao projeto que visava a regulamentar a profissão de instrutor no Brasil (atualmente aprovado). Um dos textos, inclusive, foi utilizado como questão em uma prova de concurso realizado pelo Departamento Estadual de Trânsito de Sergipe[2].

O *blog Psicologia e Trânsito* recebeu e ainda recebe vários acessos. Pessoas de diferentes estados, além do Rio Grande do Norte, já deram o "ar da graça", como de Pernambuco, Minas Gerais, Rio de Janeiro, São Paulo, Distrito Federal, Espírito Santo, Santa Catarina, Ceará, Mato Grosso do Sul, Pará, Bahia, Paraná e Piauí. Também foram registrados acessos de outros países, como Espanha, Portugal, Angola e Estados Unidos. Em função disso e do estímulo dos amigos, de alguns dos

---

[2] Veja:
ww4.funcab.org/arquivos/DETRANSE2009/300%20Texto%20manha.pdf

meus mestres, do meu irmão "Bira" e da minha adorável Lílian, passei a acreditar que os conteúdos dos textos poderiam ser interessantes para a "realidade nacional".

Na perspectiva de tentar atingir um público maior e, ainda, estando tão ou mais motivado para compartilhar o que tenho estudado sobre psicologia do trânsito, organizei este livro, cujos textos foram divulgados anteriormente no *blog*. Naturalmente, os "manuscritos" sofreram alterações e adaptações, compondo aqui uma obra inédita.

Acredito que *um livro não é uma mera junção de textos ou capítulos; ele é (e precisa ser) mais do que isso para ser bom*. Ele tem que ter uma essência, uma boa mensagem que faça as pessoas investirem seu precioso tempo para buscar desenvolverem o que há de melhor em si. Ao contar brevemente a história deste livro, e ao vê-lo publicado, estou convencido de que ele tem todos esses elementos, mas o ofereço ao amigo leitor para a sua própria avaliação.

Fábio de Cristo
Brasília, 18 de março de 2011

Apresentação

Transitar pelas cidades está cada vez mais perigoso e desgastante, o que está gerando diversos transtornos para todos que se deslocam pelas ruas e calçadas brasileiras, especialmente para crianças e jovens; por isso, trânsito é assunto sério, e merece atenção de toda a sociedade. Todavia, a abordagem feita para enfrentar esses problemas nem sempre é adequada para incentivar a mudança na mentalidade e no comportamento. Os jornais e telejornais, por exemplo, divulgam todos os dias matérias que exploram o sofrimento e a tragédia, muito mais para ganhar público do que para se fazer pensar criticamente.

Simultaneamente, talvez pela falta de uma boa educação para o trânsito, várias pessoas desenvolveram a percepção distorcida de que leis e resoluções de trânsito existem apenas para beneficiar financeiramente alguns setores do mercado e para punir os cidadãos. Infelizmente, isso também ocorre por conta de empresas e políticos desonestos que realizam um ato desleal à sociedade, com consequências nefastas. Assim, muitos cidadãos se tornaram transgressores conscientes para se vingar da "infâmia" produzida pelas autoridades de trânsito. Parece, então, que não estamos oferecendo razões, ou que não estamos motivando suficientemente as pessoas para se comportarem adequadamente no trânsito. Isso é preocupante e requer mudança urgente.

Como decorrência, constata-se a necessidade atual de percebermos os problemas do trânsito por um modo diferente do qual muitos de nós nos habituamos, com um olhar que nos coloque como parte importante para resolvê-los, que nos instigue e ajude a pensar e agir. Precisamos formar um cidadão ético e tornar o trânsito mais harmônico e seguro.

O livro *Psicologia e trânsito: reflexões para pais, educadores e (futuros) condutores* se propõe a informar, esclarecer e despertar o senso crítico dos usuários do trânsito, possibilitando a reflexão e a mudança de comportamento neste espaço de convivência social.

Reuni aqui 23 textos que tentam dialogar com o leitor sobre diversas questões relacionadas à mobilidade humana, tais como o trânsito como um espaço de convivência social, o papel dos pais enquanto primeiros instrutores de trânsito, os perigos potenciais de aprender a dirigir fora da autoescola, a importância da manutenção veicular para a proteção do meio ambiente, a utilidade da *internet* na educação para o trânsito, a influência dos aspectos emocionais na forma de conduzir, entre outros.

Optei por escrever textos curtos, pois a escassez de tempo na atualidade tem dificultado a leitura de material extenso. Os textos curtos também ajudam o professor e o instrutor em sala de aula, estimulando as discussões. Tentei usar uma linguagem não técnica, interativa e acessível ao público adolescente, aos pais e educadores, uma tarefa nada fácil para quem escreve, isto é, ser simultaneamente acessível a leitores com características distintas, por exemplo, de nível de conhecimento, experiência e idade.

Não estabeleci um critério rigoroso para as escolhas dos temas, sendo que observações do cotidiano e das notícias divulgadas pelos meios de comunicação, por exemplo, serviram como fonte de inspiração. Incluí, ao final do livro, a bibliografia consultada para subsidiar os argumentos e pensamentos; em caso de necessidade, ela ajudará a aprofundar o conhecimento dos temas que serão abordados.

Os textos focam nos conteúdos educativos e reflexivos da mensagem, não se detendo aos aspectos sensacionalistas do trânsito. Busquei uma abordagem psicológica dos problemas, o que considero um modo interessante para tentar estimular o leitor a pensar e a decidir por si mesmo.

Espero que esta obra seja útil para o pai que queira conversar com seu filho sobre como se comportar no trânsito, que seja interessante como leitura complementar para professores e instrutores de trânsito, ou mesmo para estimular o debate dos temas aqui abordados durante as aulas. Ao mesmo tempo, espero poder atrair a atenção dos jovens que ainda não dirigem, ou daqueles que estão perto de adquirir a habilitação, contribuindo com sua formação cidadã.

Finalmente, ao amigo leitor, entrego "em mãos" o produto final de vários anos de intenso trabalho e dedicação, com a expectativa de que este livro seja, além de útil, prazeroso.

Boa leitura!

1
Psicologia e trânsito? Mas o que isso tem a ver?

A Psicologia é uma ciência que produz conhecimentos sobre os comportamentos das pessoas nos diversos contextos nos quais eles se manifestam: em escolas, hospitais, clínicas, empresas ou no... trânsito.

Trânsito? Isso mesmo. A Psicologia do Trânsito ainda é uma especialidade pouco conhecida, inclusive por grande parcela dos psicólogos, apesar de suas raízes serem relativamente antigas, na década de 1920, quando se iniciou a aplicação de testes psicológicos para a seleção de pessoas e orientação profissional na área de transportes. Portanto, é perfeitamente compreensível que haja certo estranhamento ao tema.

Se você adquiriu sua habilitação recentemente, existem 100% de chances de você já ter encontrado, durante esse processo, um psicólogo do trânsito para realizar a sua *avaliação psicológica* ou, como se diz popular e *erroneamente*, o "psicoteste"! Por meio dessa avaliação, os psicólogos pretendem colaborar para a segurança nas ruas, atestando que os candidatos estão em condições, naquele momento específico, de perceber e reagir aos estímulos do trânsito. Ressalto que esta é apenas uma das formas de atuação do psicólogo que trabalha nessa área. Existem outras.

A Psicologia do Trânsito, embora pouco divulgada, também pode ser uma importante ferramenta para contribuir para o conhecimento do homem no ambiente de tráfego, para melhorar a qualidade de vida nos deslocamentos e, consequentemente, para diminuir a violência motorizada que assola as cidades.

Mas o que ela estuda propriamente? Os motoristas? Os engarrafamentos?

Bem, vamos por partes. Antes de responder a essas questões, é fundamental tomarmos consciência do papel central que o trânsito exerce em nossas vidas. Sem esta compreensão, não fará sentido algum pensar sobre uma psicologia dedicada a estudar o comportamento no trânsito.

Permita-me, então, propor um exercício: imagine um dia típico seu, caro leitor. Pense em todas as atividades que você desempenha ao longo das 24 horas. Pense no quanto se desloca para chegar até elas. Pense em quantos deslocamentos você realiza em um dia típico. Pense ainda em como se dão esses deslocamentos: de carro? Moto? Ônibus? A pé? Procure pensar onde está o trânsito nessa sua rotina.

Pois bem, alguns poderão pensar: "acordo, tomo café, vou para o trabalho, saio para almoçar, em seguida retorno ao trabalho, volto para casa à noite, chego em casa, saio a pé para comprar o pão" etc. Após este exercício, você poderá chegar à seguinte conclusão: é quase impossível não se deslocar! É impossível não participar do trânsito em algum momento, seja como pedestre, condutor ou passageiro. Seria impossível existir também uma sociedade em que não se pudesse deslocar, uma vez que o trânsito possibilita o desenvolvimento das cidades, a troca de mercadorias, o intercâmbio de conhecimentos, tecnologias e cultura.

A Psicologia do Trânsito estuda exatamente o comportamento das pessoas que participam do trânsito, este sistema complexo que, apesar dos grandes avanços que nos vem possibilitando, também se vem mostrando bastante problemático. Desse modo, todos os envolvidos no trânsito, direta ou indiretamente, são "objetos" da Psicologia do Trânsito: motoristas, passageiros, pedestres, ciclistas, engenheiros de tráfego e instrutores de trânsito. Assim, a Psicologia do Trânsito procura investigar os fatores que determinam os comportamentos neste sistema, sob quais condições eles se manifestam, bem como os diversos aspectos psicológicos e sociais que estão relacionados a esses comportamentos. A sua finalidade é colaborar para a segurança e o bem-estar das pessoas em seus deslocamentos. Difícil? Sim, mas não impossível!

2
Trânsito: um espaço de convivência social

O trânsito é um grande sistema que possibilita, dentre outras coisas, o encontro e o convívio social entre as pessoas. Entretanto, esse convívio nem sempre ocorre de forma satisfatória ou harmônica, o que não raro gera irritação, estresse, conflitos e confusões.

Muitos aspectos influenciam para que isso tudo aconteça, contribuindo para que não tenhamos um deslocamento seguro pelos centros urbanos e, desse modo, para que tenhamos uma visão negativa do trânsito. São fatores econômicos, sociais, culturais e ambientais da atualidade que se expressam de diferentes formas, por meio das vias mal planejadas e malconservadas, da sinalização precária ou de sua falta, da grande quantidade de atividades e da exigência de rapidez na execução de nossas tarefas, das enchentes constantes e dos índices elevados de poluição. Daí dizemos frequentemente que *o trânsito* é ruim, que *o trânsito* é desgastante, que *o trânsito* é isso ou aquilo.

Por focarmos demasiadamente nesses fatores externos a nós, tendemos a nos excluir do compromisso de cidadãos por um trânsito harmônico, pois, além desses elementos exteriores, existe outro do qual não se pode esquecer: o fator individual ou humano, que representa a nossa parcela, a nossa contribuição para o bom ou o mau convívio com as pessoas no trânsito.

Vejamos o exemplo a seguir. Enquanto João está passeando tranquilamente de carro, mostrando a cidade para sua nova namorada, José, que está em um veículo atrás do de João, espera o momento de acelerar e ultrapassá-lo, pois está meia hora atrasado para o trabalho. Carla, por sua vez, está na mesma avenida, ao lado dos carros de João e de José, e encontra-se bastante ansiosa, com mil preocupações, porque tem de efetuar um pagamento no banco que já está fechando e, ainda, pegar o filho na aula de inglês e deixá-lo na casa da avó. Já Sandra está indo a pé para a universidade, e caminha distraidamente sobre a faixa de pedestres que está sob o mesmo semáforo em que estão parados João, José e Carla. Dedé, o flanelinha, está no local tentando convencer o apressado José a deixá-lo limpar o para-brisa, a fim de ganhar um trocadinho.

Pois bem, perceba, caro leitor, que o exemplo ilustra o que acontece na vida de milhares de pessoas, todos os dias, nas cidades. Cruzamos com muita gente no trânsito, condutores e pedestres, cada um com seus próprios pensamentos, objetivos, anseios e necessidades. Se não soubermos lidar com esses aspectos individuais, entraremos em desacordo com os demais usuários do trânsito e, consequentemente, a fúria, raiva, ansiedade ou o medo se expressarão pelo nosso comportamento na via ou na calçada.

Compreender o trânsito como um espaço de convivência social pode ser algo importante para nos ajudar a minimizar ou a desfazer muitos conflitos que experienciamos no cotidiano. Compreendendo que cada indivíduo que está na rua, assim como nós, tem a sua necessidade, o seu próprio objetivo ao trafegar, poderemos compreender mais amplamente o ato de se deslocar. Desse modo, possivelmente estaremos mais preparados para enfrentar alguns eventos estressantes que surjam no trânsito com um pouco mais de tolerância e respeito.

Compreender que o trânsito é um espaço de convivência social significa dizer que ele não pertence só a nós, caro leitor, mas *a todos na mesma medida*; significa que os interesses individuais, no momento em que se entrecruzam, devem ser *negociados visando ao bem coletivo*. Assim como nós, os outros também estão querendo utilizar o espaço que lhes é de direito!

Portanto, antes de o leitor dizer qualquer coisa negativa sobre o trânsito, procure primeiro indagar-se sobre seus comportamentos, pois você pode contribuir para que este espaço seja considerado ruim. Ao locomover-se, quando você se der conta de que está agindo de modo inadequado em relação aos outros usuários, procure lembrar-se de que este é um espaço de convivência social, de que eles também têm interesses específicos diferentes e que, por isso mesmo, poderão entrar em choque com os seus a qualquer momento. E quando isso acontecer, como você agirá?

3
Todos somos pedestres

A livre locomoção no território nacional, conforme estabelece a Constituição Federal Brasileira, é um direito fundamental de todos os cidadãos. A forma como exercemos este direito, no entanto, pode ser bastante diversa e particular, sendo possível utilizarmo-nos dos vários meios de transporte atualmente disponíveis: avião, barco, carro, bicicleta, *skate*, patins ou os próprios pés. Aliás, a caminhada é a forma de locomoção mais barata e democrática que existe, mas também é a mais "frágil" na disputa por espaço. Devido a esta fragilidade, o ato de circular a pé deve ser garantido e preservado por todos, cidadãos e autoridades.

Mas será que zelamos por essa forma de locomoção e pelas pessoas que caminham? Responder de forma categórica esta pergunta é bastante difícil; todavia, existem algumas situações observáveis no dia a dia que definitivamente não são de zelo.

Tenho um colega que diz que não gosta de parar próximo à faixa por ter a convicção de que os pedestres simplesmente não andam, mas "desfilam" vagarosamente por ela, como se estivessem em uma passarela de moda, deixando-o irritado. Por essa razão, ele não para junto à faixa, e, quando o faz, muito contrariado, fica acelerando o veículo, coagindo os transeuntes a cruzarem rapidamente a via.

Outra colega, quando está atrasada para um compromisso, não dá preferência aos pedestres sob hipótese alguma. Para *ganhar tempo*, ela exerce o poder que tem; no caso, ela impõe sua vontade por meio da força do veículo para passar primeiro pela via. O grande problema é que ela está sempre atrasada...

"Eles que se cuidem para não serem atropelados", diz ela.

Pois bem, esses dois casos exemplificam como não zelar pelo deslocamento a pé, uma vez que, de acordo com o Código de Trânsito Brasileiro (CTB), o maior cuida sempre do menor. Os condutores de veículos, portanto, deveriam proteger os pedestres, e não se aproveitar de sua vulnerabilidade.

Outros casos de falta de zelo podem ser citados, por exemplo, quando donas de casa e empregadas domésticas depositam de modo incorreto o lixo na calçada; quando os carroceiros colocam entulho à revelia nos passeios públicos; quando condutores estacionam em cima das calçadas ou param sobre a faixa; também quando construímos de modo inadequado e irresponsável nossas calçadas (muito inclinadas, desniveladas, muito altas, excessivamente estreitas) e quando não as conservamos em bom estado, deixando-as esburacadas, cobertas por pedras e sujeira; quando empresas deixam tampas de bueiro abertas; quando as autoridades de trânsito não disponibilizam sinalização adequada destinada a informar aos pedestres sobre os trechos perigosos etc.

Quantos de nós já não fizemos, pelo menos uma vez, algumas dessas coisas no cotidiano? Quem atiraria a primeira pedra? O fato é que, em todas essas ações (ou omissões), tornamos, de algum modo, o fluxo dos pedestres mais difícil e arriscado, especialmente para as crianças, os idosos e os portadores de necessidades especiais. Assim, contribuímos (in)diretamente para que eles não adotem padrões de comportamento seguros recomendados pela legislação de trânsito; isto porque, frente a situações como as que foram expostas acima, os pedestres são impelidos a atravessarem a rua correndo, a desviarem de um obstáculo que está na calçada indo para a rua, a aumentarem o esforço físico para subir e descer calçadas, a redobrarem a atenção ante as informações conflituosas do ambiente. Consequentemente, aumenta, na mesma proporção, a probabilidade de tropeçar, escorregar, tombar e ser atropelado, todos considerados também acidentes de trânsito.

Em um mundo em que os automóveis se avolumam, as ruas são mais alargadas – nem que seja apenas alguns centímetros – para o tráfego de veículos, privilegiando a circulação motorizada, e os espaços dos pedestres são reduzidos ou sem infraestrutura adequada, convém lembrarmo-nos, caro leitor, de que todos somos pedestres! Portanto, procure exercer o seu dever de cidadão zelando pelo nosso direito de ir e vir a pé com segurança.

4
Falando de sexo, drogas e... trânsito!

Muitos pais já se deram conta da necessidade de conversar com os seus filhos sobre temas importantes, tais como sexo e drogas, para protegê-los dos riscos potenciais e das consequências negativas advindas do sexo sem camisinha, das doenças sexualmente transmissíveis, da dependência química e do poder destrutivo das drogas (*crack*, cocaína, maconha etc.). Todavia, é bastante incomum pais conversarem sobre como se deslocar com segurança ou sobre a responsabilidade de conduzir um automóvel. É oportuno reconhecer que a orientação dos pais também é um fator importante para que seus filhos se comportem de modo respeitoso às normas de circulação.

Apesar disso, trânsito também é um assunto sério e merece atenção de toda a sociedade, porque as consequências de se locomover perigosamente ou de não saber quais são as regras do jogo podem ser bastante estressantes e severas para os envolvidos, especialmente para a população jovem. Segundo a Organização

Mundial de Saúde (OMS), os acidentes de trânsito matam quase 1,2 milhões de pessoas em todo o mundo a cada ano, sendo a segunda principal causa de mortes entre pessoas de cinco a 25 anos. O tema "Jovem e trânsito" é considerado tão sério que, em 2007, foi objeto de dois grandes eventos: a Semana Nacional de Trânsito, no Brasil, e a *I Semana Internacional de Prevenção de Acidentes de Trânsito*, na Suíça, evento organizado pela OMS e pela Organização Pan-Americana de Saúde (OPAS).

Sendo os jovens, portanto, os mais vulneráveis e os mais expostos ao risco de acidentes de trânsito, deveriam existir campanhas na televisão, no rádio, no jornal, que incentivassem os pais a dialogar com seus filhos sobre como se locomover corretamente, a pé ou de carro, pois isso não é algo que já se nasce sabendo. A grande dificuldade é que nem sempre os pais sabem agir corretamente, transmitindo, desse modo, informações incorretas e valores incompatíveis com a segurança. Além disso, devido à correria do mundo de hoje, muitos pais delegam algumas de suas funções a terceiros, por exemplo, à escola – no caso do trânsito, à autoescola.

Quantos pais já participaram ou participam de alguma reunião com os instrutores de seus filhos, a fim de acompanhar o andamento das aulas? Quantos pais cobram da escola que temas sobre trânsito sejam discutidos? É essencial iniciarmos uma *nova cultura, em que os pais acompanhem a formação dos seus filhos e busquem sempre proporcionar um espaço de diálogo com eles*, quando ainda crianças ou jovens (condutores em formação), mostrando que conversar sobre trânsito pode ser bastante interessante.

Os pais podem explorar o tema de modo elucidativo e criativo, aproveitando que o trânsito é algo com que todos têm contato direto no dia a dia, seja vivenciando, seja observando diversas situações. Quem é que não gosta de falar de si, de suas experiências? Aproveitar, portanto, o lado pedagógico e construtivo das próprias vivências ou das de outrem pode ser uma alternativa bastante produtiva para os pais, centrando a conversa não nos aspectos inusitados ou sensacionalistas da situação, mas nos aspectos educativos, gerando reflexões sobre o tema.

Por isso, lembre-se: antes ou depois de seu filho pegar a chave do carro, não vacile em ter uma boa conversa sobre dirigir. Acompanhe-o em algumas ocasiões para observar o modo como dirige e o que deve ser orientado. Faça-o refletir sobre sua condição de motorista ou de pedestre. Procure uma boa autoescola para uma formação séria e adequada. Oriente-o e estimule-o a agir conforme os preceitos do código de trânsito, principalmente em relação à velocidade e ao uso de substâncias entorpecentes. Esclareça-o da corresponsabilidade que temos em relação à harmonia do trânsito e à segurança das pessoas. Nas ocorrências frequentes de acidentes, procure profissionais adequados para investigar as prováveis causas, como médicos ou psicólogos.

Com a participação e o envolvimento dos pais, uma convivência mais pacífica e harmoniosa no ambiente do tráfego poderá ser uma realidade, podendo fazer toda a diferença para a sociedade, para seu filho ou para o filho de alguém.

5
Os primeiros instrutores de trânsito

Conta-se que, certo dia, disse a mãe ao caranguejo:
– Meu filho, não andes de lado, nem roces teu corpo no rochedo úmido.

E ele respondeu:
– Ó, mãe, se queres ensinar-me, anda tu mesma direito, e eu, olhando, te imitarei!

Esta pequena fábula de Esopo, intitulada "O caranguejo e sua mãe", sugere-nos pelo menos duas mensagens importantes. A *primeira* delas é que os pais são os primeiros modelos que inspiram o modo como os filhos sentem, pensam e agem na vida social. Todas as atitudes e comportamentos dos pais, desse modo, são percebidos pelas crianças e adolescentes, que os registram pela observação e os incorporam na própria forma de agir, pela imitação. A *segunda* mensagem diz respeito ao dever dos pais de aliar a palavra ao exemplo para que um ensinamento surta o efeito esperado, pois esta aliança possibilita aos filhos um maior sentimento de confiança quando tomarem suas próprias decisões, sendo mais propensos a adotarem padrões de comportamento mais saudáveis e corretos.

Pois bem, sintetizando essas mensagens e as adaptando ao contexto do trânsito, temos a seguinte lição: *para que uma conduta adequada se manifeste, tão importante quanto propiciar o conhecimento das normas de circulação, é o exemplo apresentado pelos pais aos filhos nas ruas*. Assim, a cortesia, a paciência, os procedimentos corretos no ato de dirigir, como também as barbeiragens, os xingamentos, os acessos de fúria ao volante, enfim, tudo é registrado pelos filhos, especialmente quando crianças, já que a infância é uma fase crítica de formação e estruturação da personalidade (conjunto de características psicológicas e comportamentais que nos caracterizam enquanto pessoas únicas e diferentes das demais).

Lembro-me de uma vez, quando eu tinha uns nove anos, em que meu pai me disse:

– Filho, no futuro, quando você estiver dirigindo, preste sempre atenção nos cruzamentos à noite, redobrando a atenção e aliviando a velocidade mesmo que o sinal esteja aberto pra você, pois nunca se sabe quem vem de lá para cá!

Mais importantes do que suas palavras foram suas ações, pois ele sempre praticava essa recomendação. Nunca esqueci esse ensinamento, e o pratico até hoje. Quantas e quantas pessoas também não receberam lições, quando crianças, que ficaram para toda a vida? Exemplos assim evidenciam que os ensinamentos que recebemos do lar podem ficar para sempre não só na memória, mas também nas nossas ações.

As crianças, não raro, interpretam a conduta inadequada dos pais como sendo a forma "correta" de agir, incorporando-a, inclusive, no seu "repertório" comportamental, que são "receitas" de como agir nas diversas circunstâncias do dia a dia. Tem-se claro, portanto, que a formação de condutores e pedestres cidadãos começa no próprio lar, antes mesmo das aulas na escola ou na autoescola.

Senhores pais, a partir de agora, antes de realizar manobras erradas nas vias, jogar lixo para fora do carro, dirigir sem o cinto de segurança ou cometer qualquer outra infração ao código de trânsito quando seus filhos estiverem no veículo (e mesmo na ausência deles!), pensem duas vezes. E quando perceberem que o falar e o agir corretamente de vocês não estiverem aliados, recordem-se de que vocês são os primeiros instrutores de trânsito de suas crianças, adolescentes e jovens, que são nossos pedestres, condutores e futuros condutores!

6
Os perigos potenciais da instrução informal

De acordo com o Código de Trânsito Brasileiro (CTB), cabe às autoescolas, por meio de um instrutor devidamente capacitado e autorizado pelo órgão executivo de trânsito (DETRAN), a formação dos novos condutores. Todavia, mais de dez anos depois da vigência do código, ainda é bastante comum que os jovens aprendam a dirigir por meio de instrução informal, que é o aprendizado adquirido por intermédio de pessoa não qualificada, geralmente um amigo, um irmão, o pai ou outra pessoa mais próxima.

Outro dia, enquanto estava na fila de um caixa eletrônico, observava um grupo de jovens que conversavam alto. Eles comentavam que tinham aprendido a dirigir entre os quinze, dezesseis anos, com amigos. Seus pais haviam consentido, liberando os veículos para as "aulas", e para dirigirem nas praias, no veraneio; afinal de contas, "Eu não devia chegar à autoescola sem saber de nada!", dizia um jovem.

Este exemplo deve fazer-nos pensar seriamente sobre a "formação" do nosso futuro condutor. Se, por um lado, termos um amigo, um tio ou pai nos ensinando facilita o processo de aprendizagem, por outro, isso pode ser bastante perigoso, uma vez que esses instrutores informais não são devidamente capacitados para auxiliar nas dificuldades dos aprendizes, e nem sabem, muitas vezes, passar as instruções adequadamente. Desse modo, eles podem transmitir aos seus "alunos" uma série de vícios e valores pessoais incompatíveis com um convívio harmônico no trânsito, possibilitando a perpetuação de muitos erros e comportamentos inadequados que observamos nas ruas.

Alguns instrutores de autoescolas reclamam, por exemplo, que muitos dos seus alunos chegam com vícios comportamentais variando entre aspectos considerados *pouco graves, de fácil correção* (como dirigir com o pé esquerdo em cima da embreagem, deixar o veículo em ponto morto nas ladeiras, não olhar para trás ao dar ré no veículo), e outros considerados *graves e bastante difíceis de serem modificados*, devido à resistência à mudança por parte do aprendiz (como andar em alta velocidade, andar na contramão de direção, estacionar em local proibido, entre outros).

Segundo os instrutores, alguns alunos chegam a questioná-los, dizendo "Como estou errado, se aprendi assim com o *meeeu* pai?! Não vou fazer assim como você disse!"

Situações como esta têm exigido bastante cautela por parte dos instrutores de autoescolas mais responsáveis, requerendo, nesse sentido, um diálogo paciente sobre os porquês de sua orientação para a modificação da forma de pensar e agir do aluno.

Diversos fatores concorrem para a manutenção desta cultura de aprender a dirigir com pessoas que nos são próximas (instrutores informais). Analisar esta questão não é simples, mas um fator que merece atenção especial é a crença difundida em nossa sociedade de que "dirigir é um ato banal e que não é perigoso".

Psicologicamente falando, crença quer dizer algo que pensamos ser o real, correto, verdadeiro, e que direciona muito das nossas ações no dia a dia. É o que acontece com a crença compartilhada socialmente à qual me referi acima. De acordo com ela, *se considerarmos que dirigir é um ato simples e banal, certamente não haverá razões para tomarmos maiores precauções ou cuidados, uma vez que dirigir não é perigoso!* Desse modo, é possível compreender o porquê de muitos pais entregarem as chaves dos veículos aos seus filhos antes dos dezoito anos.

Todavia, é oportuno reconhecer que dirigir não é uma atividade tão simples quanto se imagina; isto porque conduzir seguramente depende do desenvolvimento de algumas competências psicológicas e comportamentais importantes, a fim de que o novo condutor possa tomar e processar corretamente as informações, julgar e decidir rapidamente o procedimento mais adequado para o momento, responder prontamente conforme sua decisão e obter o *feedback* (retorno) de suas próprias ações no trânsito para a necessária correção ou adaptação; enfim, depende de uma série de processos que não nos damos conta que estão ocorrendo quando estamos dirigindo...

Caro leitor, possivelmente, algum dia, você poderá ser convocado a ser um instrutor informal, e, assim, não pense que ensinar alguém a dirigir será uma tarefa fácil. Conduzir bem um veículo vai além de aprender a ligá-lo e a passar a marcha! Quando lhe chamarem para dar "aquelas aulinhas para o seu irmão mais novo não chegar à autoescola sem saber de nada", recorde-se dos perigos potenciais da instrução informal e da necessidade de se desenvolver as competências dos alunos. Aja, então, com responsabilidade, colocando sua decisão na balança do bom senso, porque, afinal, também depende de você zelar por uma circulação cada vez mais livre de perigos.

7
Condições para o bom comportamento no trânsito

A Psicologia esclarece-nos que para nos comportarmos adequadamente no trânsito são necessárias algumas condições básicas. A *primeira* delas é a presença de estímulos que possam ser percebidos por nós, ou seja, algo no ambiente que nos chame a atenção. A *segunda* condição básica é que nosso organismo esteja em perfeitas condições de interpretar e reagir a esses mesmos estímulos. Ora, se não podemos entender e nos comportar em determinada situação, fatalmente prejudicaremos a nós mesmos ou a outrem no trânsito. Finalmente, a *terceira* condição é o aprendizado prévio dos sinais, das normas, das modificações na via etc.

Saber que existem essas condições é "fundamentalmente importante" para todos os envolvidos no trânsito. Analisando atentamente, elas sugerem uma corresponsabilidade entre nós, usuários, e as autoridades para que o trânsito seja mais harmônico e seguro.

Desse modo, qual a parcela de responsabilidade que nos cabe? É justamente procurar manter as condições de saúde adequadas à interpretação e reação aos eventos e situações no trânsito (*segunda* condição). Em outras palavras, isto quer dizer que devemos cuidar para não ingerirmos bebida alcoólica e outras drogas antes de dirigir, atentar para os medicamentos que interferem diretamente em nossa capacidade física e psicológica, dentre outras recomendações presentes na legislação.

Além disso, é essencial procurarmos informar-nos e nos instruir (*terceira* condição), procurando, pelo menos, boas autoescolas para a nossa formação enquanto condutores, e não a mais barata, de qualidade bastante questionável, como tem sido o caso para muitos.

A educação é um dever nosso, mas que é compartilhado com as autoridades que devem dar todas as condições para que isto aconteça, além de fazer campanhas educativas. É dever, ainda, das autoridades cuidar para que os equipamentos de trânsito – por exemplo, placas e semáforos – estejam em boas condições de visualização (*primeira* condição).

A menor desatenção em relação a uma ou mais condições dessas pode resultar em consequência desastrosa ou, pelo menos, gerar muita dor de cabeça para os envolvidos. O exemplo a seguir mostra como a ausência de estímulos claros pode refletir-se no trânsito. Trata-se de um episódio bastante divulgado na cidade de Natal, Rio Grande do Norte, há alguns anos, e que gerou muitos problemas: o Departamento Estadual de Trânsito (DETRAN) resolveu mudar a velocidade máxima permitida em uma importante via da cidade (Via Costeira) de oitenta para sessenta quilômetros por hora. Para efetuar tal mudança, as placas de sinalização que informavam a velocidade foram substituídas, e a sinalização horizontal (informações expressas no próprio asfalto) foi apagada e repintada para exibir a nova velocidade. O resultado dessa ação sutil no ambiente foi uma "enxurrada" de reclamações e de multas, uma vez que a via possui fiscalização eletrônica. Por conta desse tumulto, as autoridades tiveram de voltar atrás em sua decisão, refazendo a sinalização de antes.

Neste exemplo, podemos considerar que as autoridades falharam ao não fornecer elementos claros e sem ambiguidade à percepção dos motoristas. Afinal, pintar o número seis por cima do número oito e substituir placas por outras com mesmas cores e tamanhos de modo repentino, com pouca ou nenhuma informação sobre a mudança, sugere desconhecimento das condições básicas para que os bons comportamentos no trânsito ocorram. Quem sabe se as autoridades tivessem levado em conta essas condições, elaborando um planejamento condizente antes de fazerem as modificações necessárias, elas não estivessem valendo atualmente? Isto poderia ter economizado dinheiro público, evitando gastos desnecessários.

O exemplo acima mostra quando as autoridades falham em possibilitar as condições necessárias ao bom comportamento. Poderíamos citar outros tantos exemplos de quando nós, usuários, também falhamos nesse sentido. Mas prefiro deixar algumas sementes de reflexão para o leitor sobre o que pode interferir em sua capacidade de interpretar os eventos: *"nas situações em que me acidentei ou quase me acidentei, em que eu errei e o que poderia corrigir, ou o que poderia ter feito para minimizar o dano? Dirigi com sono? Bebi demais? Estava muito ansioso? Em velocidade alta para o trecho? Estava às gargalhadas ao celular? Estava sem óculos? Em que medida outros problemas podem ter ocorrido devido ao desconhecimento da legislação ou à falta de habilidade para dirigir?"*

8
Se o brasileiro soubesse antes...

Há algum tempo, a televisão veiculou sem parar a propaganda de um novo portal de notícias que dizia:

> Se o homem soubesse antes que iria chover, ele não se molharia. Se soubesse antes que o seu time iria perder, ele não torceria tanto. Se soubesse antes que o petróleo iria acabar, ele andaria mais de bicicleta. Se ele soubesse antes que a poluição destruiria o planeta, ele reciclaria suas ideias. Se soubesse antes que a sede de poder iria destruir nações, ele não fabricaria ídolos. Se soubesse antes que as guerras iriam matar tanto, talvez ele nem tivesse descoberto a pólvora. Se o homem soubesse tudo antes, ele sofreria menos, viveria melhor, sonharia mais. O que dá para saber antes, você fica sabendo aqui. G1, o portal de notícias da Globo[1].

---

[1] Recuperado em 22 de janeiro de 2010. de <g1.globo.com/Noticias/PopArte/0,,MUL142-7084,00-ASSISTA+A+NOVA+ PROPAGANDA+DO+G.html>

Lembra-se dela? Publicidade à parte, atendo-nos especificamente ao texto, trata-se de uma mídia bastante interessante, cujo tema central é a previsão dos acontecimentos. Prever as coisas sempre foi, e ainda é, o anseio do ser humano. A partir dessa capacidade, o homem poderia agir de modo mais adaptativo ao ambiente e às exigências do dia a dia, possibilitando, assim, a manutenção de sua integridade física e psicológica.

Mas (e sempre tem um "mas"!) será que se o homem realmente soubesse de tudo antes, ele mudaria seus comportamentos, agindo de modo a sofrer menos e viver melhor, como diz a propaganda? Bem, esta questão é para você pensar, caro leitor, e tentar verificar se este raciocínio procede ou não. De qualquer forma, farei a minha parte, "antecipando-lhe" algumas informações, na expectativa de que você mude seu comportamento, a partir de agora, ao se deslocar pelas ruas e calçadas, adotando comportamentos corretos e um olhar mais crítico em relação aos problemas do trânsito. Eis a minha versão para o texto publicitário:

Se o brasileiro soubesse antes que, em seu país, existe maior risco de acidentes de trânsito em pista de asfalto em pleno dia e com tempo e condições de luminosidade boas do que em condições adversas, talvez ele não se sentisse tão tentado assim a correr.

Se o brasileiro soubesse antes que, entre 2004 e 2005, Goiás e o Distrito Federal foram as duas unidades federativas brasileiras com maior frequência de acidentes de trânsito com vítimas, ele colocaria na entrada dessas localidades vários avisos em placas bem luminosas, dizendo: "A *partir de agora você está trafegando em uma zona de alta periculosidade, qualquer deslize pode ser fatal*".

Se soubesse antes que grande quantidade dos acidentes com vítimas no Brasil ocorrem aos sábados e domingos, ele não abusaria da cerveja, da caipirinha, do uísque com energético...

Se o brasileiro soubesse antes que acidentes com transporte terrestre respondem por 98% do total de acidentes, e que o percentual restante ocorre com os transportes aquáticos e aéreos, ele exigiria, na mesma proporção, o compromisso das autoridades em relação à segurança e ao rigor na aplicação das punições aos responsáveis.

Se o brasileiro soubesse antes que quase a metade das mortes no trânsito do Amazonas (43%) em 2004 foi de pedestres, ele praticaria a recomendação do Código de Trânsito que diz que o maior cuida sempre do menor.

Se o brasileiro soubesse antes que as autoridades de trânsito já sabiam de tudo o que foi dito acima, e que, mesmo assim, pouco foi feito para mudar, indagaria para onde está indo ou como está sendo gasto o dinheiro obtido por meio das taxas e multas; e ainda diria aos quatro cantos do país, tal qual o jornalista Boris Casoy: "I-s-t-o é u-m-a v-e-r-g-o-n-h-a!"

Caro leitor, agora você está sabendo de algumas coisas importantes sobre o trânsito do nosso país (se é que já não sabia). Tomara que você possa tomar alguma decisão e agir de modo a realmente podermos ver menos sofrimento, viver melhor e sonhar mais com um trânsito mais harmônico e saudável.

9
O desafio da educação para o trânsito na formação do condutor

Outro dia, li a seguinte frase: "A obediência é o consentimento da razão". Esta assertiva, apesar de curta, é repleta de sabedoria. Em outras palavras, ela expressa que a desobediência ocorre no instante em que as razões oferecidas para que as pessoas se comportem corretamente se tornam insuficientes. Por exemplo, quando um motorista diz odiar os radares de trânsito, e pede aos amigos sugestões para burlar este tipo de fiscalização, muito provavelmente o que está implícito é que a justificativa dada pelas autoridades de trânsito, por exemplo, de que a fiscalização eletrônica contribui para a redução dos riscos de atropelamento, é insuficiente para esta pessoa. Dito de outra forma, as razões para transgredir uma regra parecem ser bem mais fortes.

Mas a educação para o trânsito não tem procurado esclarecer nossos condutores? Bem, o nosso modelo de educação atual parece estar muito mais centrado nos aspectos de descrição e de memorização das normas de circulação do que na reflexão e na compreensão das prováveis consequências, para si e para os outros, do fato de não cumpri-las. Para uma rápida constatação disso, basta pensar, caro leitor, em suas próprias aulas na autoescola. Quanto tempo gasto decorando placas de trânsito, principalmente aquela do "triângulo de cabeça para baixo"? Ou, ainda, memorizando aquelas regrinhas sobre quem tem a preferência em uma rotatória, nos cruzamentos não sinalizados...

Apesar de importantes, a forma como são "jogados" esses conteúdos pode não colaborar para que estes façam sentido para os alunos, que saem com a sensação de que têm simplesmente de obedecer àquilo que lhes foi imposto e ponto final. Talvez isso seja um dos fortes contribuintes para a desobediência em massa.

Será, então, que o nosso modelo de educação para o trânsito não está oferecendo subsídios, razões ou justificativas suficientes para que os nossos condutores obedeçam às leis? Vejamos alguns exemplos claros retirados do Orkut, uma das redes de relacionamentos mais usada pelos brasileiros, para analisar melhor a questão. São trechos literais de comunidades nas quais se discute o tema trânsito; algumas delas estão entre as maiores, em termos de número de participantes, contendo a palavra-chave "trânsito". Essas informações foram acessadas em dezembro de 2011:

Eu Odeio Radares de Trânsito (25.909 membros). Se você já tomou uma multa de excesso de velocidade fotografada por um radar Se você odeia a fiscalização eletronica Junte se a nós e diga suas idéias para evitar as multas [sic][1]

Eu odeio as Lesmas do Trânsito (11.842 membros). Se vc odeia aquelas pessoas que trafegam lentamente na pista da esquerda. Aqueles motoristas espaçosos que ocupam mais de uma pista. Aqueles manés que demoram pra andar quando acende a luz verde no semáforo. Enfim se vc odeia todos aqueles ignorantes que atravancam o transito essa é a sua comunidade. JUNTOS VAMOS ACABAR COM AS LESMAS DO TRÂNSITO. [sic][2]

Dirigindo Eu Educo o Trânsito (751 membros). . . . Para ser bem-vindo vc precisa: 1º) Dirigir pelo menos 30% acima do limite regulamentado, 2º) Colar na bunda, buzinar, dar pisca pra esquerda, dar farol e até mesmo dar uma pequena batida no filho da p...[3] que usa a pista da esquerda pra passear. E depois de ultrapassar vc deve

---

[1] Publicado na rede de relacionamentos em 28 de junho de 2004, recuperado em 16 de dezembro de 2011, de http://www.orkut.com.br/MainCommunity?cmm=123061.

[2] Publicado na rede de relacionamentos em 17 de julho de 2004, recuperado em 16 de dezembro de 2011, de http://www.orkut.com.br/MainCommunity?cmm=177916.

[3] Termo abreviado.

ficar na sua frente e frear até faze-lo parar, 3º) Não deixar ninguém mudar de pista se não usar o pisca, 4º) Cuspir no vidro de filhos da p...[4] que param em fila dupla, 5º) Sair antes do verde para assustar os filhos da p...[5] que cruzaram no vermelho, 6º) Acelerar antes da hora e deixar vendido no meio do transito o pedestre que atravessou no vermelho piscando, 7º) Se o ônibus saiu pra ultrapassar na esquerda, não deixar ele voltar pra parar no ponto na pista da direita . . . [sic][6]

Eu faço GAMBIARRA no trânsito (634 membros). Pra você que fez aquele retorno "meio" proibido, entrou naquela rua mesmo sabendo que é contramão e já passou no sinal amarelo pisando fundo pra não parar no vermelho ou seja fez um verdadeiro cambalacho no trânsito (por necessidade ou não). [sic][7]

Eu Já Roubei Placa de Trânsito (456 membros). Esta comunidade destina-se àqueles que são loucos e não

---

[4] Termo abreviado.
[5] Termo abreviado.
[6] Publicado na rede de relacionamentos em 25 de outubro de 2004, recuperado em 16 de dezembro de 2011, de http://www.orkut.com.br/MainCommunity?cmm=621697.
[7] Publicado na rede de relacionamentos em 6 de setembro de 2005, recuperado em 16 de dezembro de 2011, de http://www.orkut.com.br/MainCommunity?cmm=4804694.

resistem em roubar e/ou destruir as lindas placas de trânsito e etc principalmente quando bêbados!!! [sic][8]

Eu odeio bicicleta no trânsito (234 membros). Se você também odeia aqueles ciclistas (bicicleteiros) que insistem sempre em atravessar os sinais vermelhos ou andar na contra mão em ruas apertadas, desconhecendo leis ou até mesmo coerência, participe desta comunidade. [sic][9]

É oportuno destacar que os trechos acima não representam apenas casos isolados, uma vez que, observando o número de participantes nas comunidades, muitas pessoas compartilham desses pontos de vista. Se "a obediência é o consentimento da razão", é oportuno reconhecer que, a partir desses casos e de tantos outros que observamos, a educação para o trânsito atual parece não dar razões suficientes para que as pessoas obedeçam ao Código de Trânsito Brasileiro. E, desse modo, ela pode não cumprir o seu objetivo principal, que é possibilitar a boa convivência e a segurança nos deslocamentos das pessoas.

---

[8] Publicado na rede de relacionamentos em 12 de junho de 2005, recuperado em 16 de dezembro de 2011, de http://www.orkut.com.br/MainCommunity?cmm=2494307.

[9] Publicado na rede de relacionamentos em 29 de novembro de 2004, recuperado em 16 de dezembro de 2011, de http://www.orkut.com.br/MainCommunity?cmm=830333.

É importante que a educação para o trânsito trabalhe as (possíveis) consequências do não cumprimento das normas: não obedecer aos radares e atropelar um pedestre, fazer gambiarras no trânsito e bater em outro veículo cujo motorista pode estar passeando com sua família, roubar uma placa de *"sentido proibido"* e gerar uma colisão frontal entre dois veículos etc.

Coisas ruins também podem acontecer (e frequentemente acontecem) no trânsito, sendo necessário que incluamos a possibilidade de erro ao efetuarmos qualquer ação. As multas e o dano material são o mínimo em termos de prejuízo. Temos de imaginar a dor da perda de uma pessoa, de uma parte do corpo, ou da possibilidade de andar...

Eis, portanto, o desafio da educação para o trânsito na formação do condutor para os próximos anos: *centrar nas consequências e nos riscos advindos do não cumprimento das normas de circulação em vez de focar apenas em sua memorização*. Com esta ampliação do foco, talvez possamos avançar e conseguir efetivamente melhorar a forma como nos relacionamos no ambiente de tráfego.

10

"Por que tenho de seguir as normas do código de trânsito?"

Esta foi a proposta de reflexão com a qual me deparei depois de acompanhar uma equipe de educadores de trânsito em uma palestra para estudantes do Ensino Médio de uma escola particular. Esta palestra tinha por objetivo falar sobre direção defensiva e sobre o processo de aquisição da habilitação, uma vez que os adolescentes estavam próximos dos dezoito anos.

Ao final da apresentação, várias perguntas surgiram, e foi necessário limitar a participação dos alunos devido ao horário adiantado. Eis algumas das indagações:

"Por que não posso dirigir falando ao celular?"

"Por que não posso botar películas muito escuras no carro?"

"Não posso rebaixar meu carro e nem posso dirigir com o som alto por quê?"

Aparentemente, essas questões são simples e sem importância. Mas só aparentemente! O não conhecimento da *justificativa* de uma norma pode ser o primeiro passo para que esta não seja cumprida. De modo bastante simples, o pensamento que está por trás destes questionamentos é o seguinte: *"Eu quero boas razões para agir de acordo com o que você me diz, pois se elas forem suficientes, eu provavelmente me comportarei de acordo com o que foi sugerido; caso contrário, tenho sérias dúvidas se assim procederei!"*

A ausência de explicações para os usuários do trânsito pode causar problemas sérios no que diz respeito ao próprio cumprimento da norma. Se não sabemos ou não entendemos as razões para cumprirmos uma norma, será que manifestaremos uma atitude favorável a ela? Ou seremos indiferentes? Ou, pior ainda, manifestaremos atitude contrária à norma?

O Código de Trânsito Brasileiro (CTB) estabelece a forma como nos devemos comportar no ambiente de tráfego, mas não estabelece as razões pelas quais essas normas foram ou são estabelecidas ou o que levou os legisladores a inserirem determinadas especificações e outras não. Este é, portanto, um dos papéis da educação para o trânsito.

O que se observa, entretanto, é que a educação para o trânsito tem-se restringido à *memorização do que é certo ou errado*, a fim de que os alunos sejam aprovados nos DETRANs, e à *orientação de como tirar a primeira habilitação*, vide palestra acima. Mas isso é educar para o trânsito?

Quando perguntamos a algumas pessoas, por exemplo, por qual motivo não se permite ultrapassar o sinal vermelho, ouvimos quase sempre a resposta: "É por conta da lei!" ou "Por conta da multa!"

É raro ouvirmos explicações que revelem um entendimento mais profundo, do tipo: "Porque posso arriscar a minha própria vida!" ou "Porque posso prejudicar a fluidez do trânsito!" Seria bom que o leitor também experimentasse fazer perguntas semelhantes para ver o resultado.

Do ponto de vista dos órgãos executivos de trânsito e dos educadores (professores, instrutores, peritos de trânsito etc.), um dos maiores investimentos que se poderia fazer para educar para o trânsito seria possibilitar aos usuários compreenderem os porquês das normas. As coisas precisam fazer sentido. Saber, então, as razões das leis e das resoluções aplicadas ao trânsito é imprescindível para que o comportamento adequado surja.

Do ponto de vista do usuário, ou seja, de todos nós, um dos maiores investimentos que poderíamos fazer em prol da harmonia no trânsito e do bom convívio social seria, inicialmente, utilizarmo-nos da autocrítica e da reflexão, ferramentas importantíssimas que possibilitariam condutas mais coerentes. Devemos questionar nossas ações e procurar informarmo-nos. Um bom começo seria, então, procurarmos responder honestamente: *por que tenho de seguir as normas do código de trânsito?* Isto poderá fazer uma diferença enorme para a coletividade, ensejando a mudança necessária.

11
Saber e querer

O fato de sabermos, mas não querermos, comportar--nos de determinada forma está presente em toda a nossa vida de modo bastante marcante. É sabido, por exemplo, que não é correto roubar, porém muitos são os que roubam. É de conhecimento geral que devemos obedecer aos pais, contudo, desobedecemos com muita facilidade. Sabemos que é importante usar equipamentos de proteção individual em alguns trabalhos de risco, no entanto, muitos são os casos de acidentes de trabalho que teriam sido facilmente evitados dessa forma.

No trânsito não é diferente, pois falar ao celular, não utilizar o cinto de segurança ou o capacete e passar no sinal vermelho são as infrações mais comuns. Qual motorista ou motociclista habilitado pode argumentar honestamente que desconhece essas proibições? *Saber* a existência das normas, portanto, não é garantia de que as pessoas se comportarão adequadamente, muito embora isto seja um primeiro e importante passo.

Parcela das violações tem origem no *não querer* comportar-se adequadamente em determinada situação, sendo motivadas, por exemplo, pela pressa, impaciência e pelo excesso de autoconfiança.

Desse modo, educadores, autoridades e peritos de trânsito devem esforçar-se não só para transmitir o conhecimento básico das regras de trânsito ou de comportamento aos condutores e pedestres, mas esforçar-se também para estimular contínua e sistematicamente a prática dos conteúdos aprendidos. Sem transferir o conhecimento teórico para a prática efetiva, não há como contribuir de modo eficaz para a conduta segura no trânsito.

As *campanhas e propagandas educativas*, consideradas medidas leves, são estratégias recomendadas, uma vez que, quando bem planejadas, podem sinalizar e incentivar boas práticas no ambiente de tráfego.

Simultaneamente, é preciso que a sociedade acompanhe como as pessoas se comportam efetivamente. A *fiscalização*, embora às vezes seja criticada por ser uma medida mais dura, é uma importante estratégia. Por meio dessa ação, as autoridades verificam se estamos, na prática, agindo segundo os preceitos exigidos pelo código de trânsito. Assim buscam pelo menos minimizar as violações.

Embora com todas as suas limitações e problemas, a fiscalização pode ser considerada um indicador de competência da sociedade. Altos índices de infração podem sugerir a nossa incapacidade de educarmos o cidadão para conviver em harmonia. Como disse o sábio filósofo grego Pitágoras: "Eduquem as crianças, e não será necessário castigar os homens".

Lembro-me de uma fábula de Esopo, intitulada "O filhote e o veado", que ilustra sinteticamente essa discussão sobre o *saber* e o *querer*. Certo dia, um filhote disse ao veado:

– Ó pai, tu és maior e mais rápido que os cães, e tens belíssimos chifres para te defenderes. Por que, então, tens tanto medo daqueles?

E o veado, rindo, respondeu:

– Meu filho, o que dizes é verdade, mas quando ouço um latido de um cão, imediatamente desato a correr, e nem sei o porquê.

A fábula mostra que, mesmo tendo conhecimento de suas capacidades para lidar com os cães em vantagem, o veado não era propenso a se comportar de acordo com os seus conhecimentos, chegando, inclusive, a fugir efetivamente, demonstrando que ter conhecimento não é garantia de se comportar da maneira mais apropriada.

É necessário, portanto, que reflitamos sobre as nossas reais inclinações e as compreendamos. Agindo assim, poderemos colocar nossos conhecimentos em prática e nos comportarmos corretamente, colaborando para que os deslocamentos sejam feitos com responsabilidade.

12
Pequenas ações, grandes malefícios

As raízes de muitos problemas no trânsito encontram-se na infraestrutura urbana de transportes (por exemplo, vias, calçadas e sinalização). Se ela fosse prioridade em nosso país, não teríamos, talvez, um trânsito tão violento e desgastante para todos. Além deste, existe outro grande fator responsável quiçá pela maior parcela das dores de cabeça que sentimos no ambiente de tráfego: o homem. Isso mesmo, caro leitor, nós mesmos!

O modo como nos comportamos nas vias e no espaço público pode produzir grandes descontentamentos e desgastar os demais usuários do trânsito. Tenho observado nos noticiários da televisão, os jornais impressos e em conversas com amigos que, notadamente, os comportamentos ditos de *pequena* ou *menor* importância são aqueles que causam maior desgaste.

É possível fazer uma lista sem fim desses comportamentos, mas destacarei os mais corriqueiros: motoristas que trafegam lentamente pela pista da esquerda ou que ocupam mais de uma faixa; motoristas que não dão passagem ou que dificultam a ultrapassagem; condutores que pressionam os demais para ultrapassar quando não tem espaço; condutores que furam filas, que ultrapassam pelo acostamento, desrespeitando todo e qualquer tipo de sinalização; motoristas que não sossegam na faixa, "*costurando*" o trânsito, que dão "*fechadas*" e arrancadas; condutores que utilizam o veículo, ou ainda o seu tamanho, para impor suas vontades sobre os demais pela coação do condutor da frente, e por aí vai!

Outros participantes do trânsito também podem prejudicar o fluxo e aumentar o risco de acidentes, tais como os:

- *Ciclistas*, por trafegarem sem sinalização luminosa à noite, por circularem pela contramão de direção ou por cruzarem as vias descuidadamente sem descer da bicicleta;
- *Pedestres*, por atravessarem fora da faixa, por começarem a atravessar antes que todos os carros tenham parado ou pela curiosidade quando ocorrem os acidentes, congestionando a via;
- *Vendedores ambulantes* e *flanelinhas*, por ficarem entre os carros, atrasando a saída dos veículos na abertura do sinal, ou por desviarem a atenção dos condutores.

É oportuno ressaltar que muitos desses comportamentos são considerados infrações ao código de trânsito. Apesar disso, quem nunca se comportou no trânsito conforme pelo menos um dos casos citados? Alguns adotam tais comportamentos em vários momentos sem, muitas vezes, se darem conta. Mas, infelizmente, essas ações conseguem tornar o trânsito um caos, provocando muitas emoções e muitos sentimentos negativos entre os envolvidos em função da irritação e da tensão que geram.

Parece estar claro, então, que é possível contribuirmos negativamente nos deslocamentos que as pessoas fazem, seja quando estivermos no papel de condutor, de passageiro, pedestre, ciclista, ambulante ou flanelinha. Da próxima vez que você sair às ruas, procure não se esquecer de que, no trânsito, *pequenas ações podem gerar grandes malefícios para as pessoas*.

13
Transitar é arriscar-se!

Compreender as causas das violações das leis ou dos acidentes de trânsito não é uma tarefa fácil, pois muitos são os fatores internos e externos aos indivíduos que interagem determinando tais causas. As pesquisas em Psicologia do Trânsito, principalmente em alguns países europeus e nos Estados Unidos da América, têm investido maciçamente na elucidação desses fenômenos, buscando seus porquês.

Uma proposta interessante para explicar este fenômeno é a *Teoria da Homeostase de Risco* (THR). Em linhas gerais, ela sugere que nós aceitamos correr mais ou menos riscos dependendo da situação que estamos vivenciando no momento e dos benefícios que podemos obter comportando-nos de determinada forma. A THR, portanto, é uma maneira de compreender e explicar por que as pessoas se permitem agir perigosamente no trânsito.

Segundo a THR, checamos continuamente a quantidade de risco a que sentimos estar expostos e a comparamos com a quantidade de risco que estamos motivados a aceitar para que nossos ganhos na situação sejam maximizados. Em função desse "cálculo", ajustamos o nosso comportamento, equilibrando – ou seja, deixando em homeostase – o risco percebido e o risco aceito, agindo, consequentemente, de modo mais ou menos arriscado.

Em outras palavras, a teoria diz que tendemos a agir conforme a *lebre*, da conhecida fábula "A lebre e a tartaruga". Conta-se que uma lebre e uma tartaruga discutiam calorosamente sobre quem seria a mais rápida. Para resolver a peleja, marcaram um dia e um lugar para o desafio e se prepararam. O dia da disputa chegou. A largada para a corrida foi dada, conforme o combinado. A lebre, contando com sua rapidez natural, não se apressou em correr, pelo contrário; deitou-se no caminho e dormiu, confiando em seu potencial. Ao acordar, percebeu marcas no chão das patas da tartaruga, que a havia ultrapassado. Saiu em disparada, tentando recuperar o tempo perdido; mas, àquela altura, a tartaruga já estava quase cruzando a linha de chegada. A lebre acelerou o máximo que pôde, mas tropeçou nas próprias pernas e caiu no chão.

Analisando a fábula à luz da *Teoria da Homeostase de Risco*, é possível traduzir a situação acima da seguinte forma: a lebre confiava demasiadamente nas habilidades de atleta que a natureza lhe proporcionara. Talvez, por isso, tenha avaliado que o perigo de tropeçar ou de perder a disputa era muito baixo; afinal, a tartaruga não seria páreo para ela! O desejo íntimo da lebre era ganhar, exibindo-se e humilhando o pobre réptil. Considerou que essas vantagens seriam mais facilmente alcançadas se adotasse comportamentos arriscados do que se optasse por comportamentos seguros, tais como manter o ritmo de velocidade e a lucidez em toda a prova. Aceitando correr alto risco naquele momento, foi coerente com esta decisão ajustando o seu comportamento, isto é, deixando em equilíbrio o que ela percebia e sentia. Como resultado, ela não se apressou e dormiu em plena corrida. Ao tentar reajustar o comportamento, tropeçou, caiu e perdeu!

Em nosso cotidiano, quantas vezes não passamos, também, por diversas situações de perigo ou sofremos danos, efetivamente, tal qual a lebre, por confiarmos em nossa suposta habilidade? Por confiar ainda, por exemplo, na suposta segurança que os *air bags* e os outros equipamentos do veículo nos oferecem contra todos os danos?

Devemos, então, procurar sempre refletirmos a respeito da *nossa responsabilidade pelas nossas decisões e nossos comportamentos* no ambiente do tráfego. Muitas vezes, sabemos o que é certo, seguro, mas, mesmo assim, agimos equivocadamente para maximizar benefícios. O problema, todavia, não reside em querermos beneficiar-nos – o que, aliás, é racional e justo até certo ponto –, mas sim quando tal ganho ocorre em função do desrespeito ao código de trânsito, colocando também em perigo a vida dos outros usuários ou danificando os equipamentos públicos.

Quando você estiver no trânsito, seja dirigindo, seja andando de bicicleta, seja caminhando pelas ruas, lembre-se de que, em alguma medida, transitar é arriscar-se! Qual é, então, a quantidade de riscos que você está disposto a correr no trânsito? Faça sempre esta pergunta a si mesmo nos mais diversos momentos, buscando analisar o que o motiva ou o impulsiona para se comportar de maneira perigosa. Depois pense: *não será a hora de esperar um pouco mais ou ir mais devagar? Chegar uns minutinhos atrasado para o compromisso não é mais prudente no momento? Será que vale a pena me expor tanto e aos meus passageiros?*

14
Estresse no trânsito: o que é e como evitar?

– Rapaz, sabe o que mais me estressou neste ano que passou? – Perguntou-me um amigo, em um momento relaxante no cafezinho, gozando de suas merecidas férias.

– Não! – Respondi, curioso por sua resposta.

Mirando a rua movimentada e barulhenta ao nosso lado, disse-me:

– O trânsito! Nele enfrento, cotidianamente, situações que estragam o meu dia. Dirigir foi o que mais me deixou estressado. O trânsito está cada vez pior! – Desabafou com um ar de alívio por não estar ao volante naquele momento, quase sentindo pena dos motoristas que por ali transitavam.

• • •

Atualmente, falar de estresse no trânsito é bastante comum. O diálogo acima demonstra um pouco isso. Mas o que é estresse? Quais são os motivos que levam as pessoas a se estressarem no ambiente de tráfego? Como evitá-los?

A palavra "estresse" tem origem inglesa ("*stress*"), e significa um estado de tensão em que o organismo se prepara para enfrentar ou para fugir do perigo. Assim, o estresse, por si só, não é algo ruim; porém, quando estamos expostos constantemente a sobrecargas emocionais, pode ser prejudicial à nossa saúde.

O estresse não afeta todas as pessoas da mesma maneira, depende das características de cada um, do momento de vida e da fonte que o produz. O estresse se expressa em nosso corpo por meio de um conjunto de sinais e sintomas que podem ser físicos (por exemplo, dores nas articulações, na coluna) ou psicológicos, que podem manifestar-se nos comportamentos agressivos e inadequados. Os telejornais têm mostrado, por repetidas vezes, reações agressivas das pessoas no trânsito, visando a causar danos físicos ou psicológicos de maneira intencional.

Várias situações do trânsito são muito desgastantes. Os motivos do estresse, portanto, podem variar para motoristas, passageiros, ciclistas ou pedestres. Muitos condutores se estressam com os eventos que produzem perda de tempo, isto é, ser atrapalhado por outros motoristas, dirigir nos horários de pico e ficar atrás de carros muito lentos. Os contratempos que surgem, como as obras sem sinalização adequada na via e os engarrafamentos em horários incomuns, podem aumentar a tensão pela imprevisibilidade e falta de controle da situação.

Alguns motoristas de ônibus, por exemplo, tendem a compensar a perda de tempo no trânsito não parando para os passageiros, colocando o veículo em movimento antes do embarque ou do desembarque e aumentando a velocidade do veículo em outros trechos, o que aumenta o risco de acidente. Estes comportamentos podem ser indicadores interessantes para que as empresas de transporte e de seguro intervenham junto ao ambiente de trabalho do condutor, buscando identificar as raízes desses problemas.

É necessário entrarmos nos veículos preparados para enfrentarmos as adversidades, a fim de não "estragarmos o nosso dia". Vale a pena planejarmos o itinerário antes de sair de casa e as atividades que serão desenvolvidas, sabendo que fatos inesperados poderão acontecer e gerar aborrecimentos; como disse anteriormente, a percepção da perda de tempo pode produzir estresse.

Experimentar e incentivar o uso de diferentes modos de transporte também pode ser interessante, uma vez que, em muitas cidades, usar o automóvel para ir ao trabalho ou para a universidade é bastante estressante. Algumas evidências indicam que caminhar e andar de bicicleta podem ser atividades bastante interessantes, relaxantes, excitantes e prazerosas, além de fazer bem para a saúde e para o meio ambiente.

A infraestrutura de transporte precária pode contribuir para o estresse. É fundamental que as autoridades façam um bom gerenciamento do trânsito, comunicando as mudanças na via, e ofereçam estradas seguras (com asfalto sem buracos e sinalização). No caso dos motoristas profissionais (taxistas, motoristas de ônibus, *motoboys* e perueiros), as condições de trabalho inadequadas podem ser outra fonte de desgaste. É essencial que as empresas de transporte ofereçam suporte psicológico, que elas planejem e reavaliem periodicamente o tempo para cumprir os itinerários, pois o trânsito é muito dinâmico.

A música pode aliviar o estresse, facilitando o relaxamento, mas não em todos os casos. Um estudo canadense[1] mostrou que, em situações de muito congestionamento, os motoristas que ouviram músicas de sua preferência no caminho para a escola ou para o trabalho relataram ter menos estresse do que aqueles que não ouviram música. Em situações de pouco congestionamento, o nível de estresse foi semelhante nos dois grupos. Embora os benefícios de ouvir música, uma ressalva a ser feita é que ajustar o rádio, *cassete* ou *CD player* está entre as maiores fontes de desatenção dos motoristas, o que pode ser perigoso. O volume alto do som dentro do veículo também pode ser prejudicial à

---

[1] Veja o trabalho de Wiesenthal, Hennessy e Totte citado na bibliografia.

condução segura, por diminuir a nossa capacidade de identificar os estímulos sonoros pela via.

E o passageiro pode produzir estresse no motorista? Sim, ele pode ser considerado uma fonte de estresse quando conversa com o motorista. Existem evidências de que a desatenção do motorista pode ocorrer dependendo dos assuntos, especialmente aqueles mais acalorados, que geram euforia e raiva (brigas, discussões, comunicação de más notícias). Nota-se, aqui, a corresponsabilidade do passageiro na segurança de todos no veículo. Não esqueçamos: dirigir é uma atividade complexa; isto quer dizer que as fontes de desatenção devem ser evitadas ou minimizadas.

Amigo leitor, vimos o que é estresse, como ele nos afeta e o que podemos fazer para não sofrermos tanto. Mas o que você – enquanto motorista, passageiro, ciclista ou pedestre – pode fazer para não estressar os outros participantes do trânsito? Isso é importante para que não seja tão comum escutarmos desabafos semelhantes aos do início do texto: "Dirigir foi o que mais me deixou estressado. O trânsito está cada vez pior!"

15
As emoções no trânsito

A Psicologia nos esclarece que a emoção é um conjunto de reações fisiológicas e psicológicas desencadeadas por acontecimentos ou situações que podem ser interpretadas como agradáveis ou não, que nos podem deixar alegres e vibrantes, ou raivosos e furiosos...

As emoções devem estar sob o nosso controle, submetendo-se à razão para que possamos agir com equilíbrio e harmonia. Todavia, grande parte dos comportamentos surgem em função de emoções que nos impulsionam à prática de atos impensados dos quais, mais tarde, passado o calor do momento, iremo-nos arrepender.

No trânsito, observamos que, em muitos momentos, as nossas emoções dificilmente permanecem sob o julgo da racionalidade. Assim, o desrespeito à individualidade e ao direito do outro parece ser a tônica no ambiente de tráfego.

Arriscamo-nos a pretexto de vivenciar desafios e sensações que, não raro, evidenciam imaturidade e fragilidade psicológica, isto é, dificuldade de identificar nossas emoções, canalizando-as adequadamente. Por meio dos atos impensados, semeamos a tragédia para os que nos acompanham ou para os que estão nas ruas no exato momento em que damos vazão à loucura ao volante.

O contexto em que vivemos atualmente também não favorece o autocontrole, estimulando comportamentos desvairados, livres de qualquer censura da razão. Nesse sentido, a mídia, em grande parte, é responsável pelo estímulo a essa insanidade, fazendo parecer sem sentido as campanhas de educação no trânsito, já que as propagandas de automóveis, muito mais apelativas e com maior qualidade, reforçam comportamentos que ferem, inclusive, as leis de trânsito.

Existem vários exemplos de propagandas de automóveis que deveríamos questionar, refletindo sobre a mensagem transmitida. Algumas delas, por exemplo, estimulam fortemente a velocidade nas ruas e a imprudência ao volante. Não é raro encontrar nessas propagandas a presença de infrações que passam impunes por nossos olhos e pelos das autoridades, como, por exemplo: *"Utilizar-se de veículo para, em via pública, demonstrar ou exibir manobra perigosa, arrancada brusca, derrapagem ou frenagem com deslizamento ou arrastamento de pneus"* (Art. 175 do Código de Trânsito Brasileiro, p. 61). Esta infração é considerada gravíssima, penalizada com multa, suspensão do direito de dirigir e apreensão do veículo, sendo este recolhido juntamente com o documento de habilitação. Será difícil lembrar-se de propagandas que tentam vender os automóveis justamente desta maneira?

Muitas propagandas estimulam o desejo nas pessoas de sentir as emoções intensas que os personagens aparentemente apresentam nas imagens. Nesses casos, a finalidade da mídia não é mostrar o ato de dirigir como algo que requeira segurança, conscientização e autocontrole; quer mostrar outras características que estimulem mais as vendas, tais como aventura, potência ou *status* que um carro pode oferecer (algumas destas certamente são ilusórias!). Trata-se, portanto, de um artifício para estimular o telespectador a identificar-se com o produto.

Propagandas assim são eficientes para estimular rapidamente as pessoas. Em segundos! Por isso, talvez não seja uma "simples coincidência" encontrarmos, nos *sites* de vídeos, filmagens amadoras de jovens simulando aquilo que veem por meio da mídia, por exemplo, registrar enquanto dirigem o instante em que o ponteiro do velocímetro atinge a amplitude máxima de aceleração...

Não se engane, amigo leitor. A mídia incentiva nosso comportamento, direcionando-nos ao consumo, mesmo que seja estimulando comportamentos de risco. Procuremos filtrar as informações que nos são ofertadas, as intenções por trás delas e, principalmente, refletir sobre a origem de nossas emoções no exato momento em que elas surgirem no trânsito, procurando mantê-las em equilíbrio para que não venhamos a nos arrepender (se, na ocasião, ainda houver tempo!).

16
Álcool, mídia e deslocamento humano

No dia primeiro de fevereiro de 2008, entrou em vigor no Brasil a Medida Provisória (MP) número 415, precursora da atual "Lei seca". Dentre algumas providências, o referido documento proibiu o comércio varejista de bebidas alcoólicas em rodovias federais. A perspectiva era diminuir os acidentes de trânsito associados ao uso do álcool nas estradas, pois, de acordo com estatísticas da Polícia Rodoviária Federal, o índice tem aumentado nos últimos anos.

Porém, antes mesmo de entrar em vigor, a MP foi alvo tanto de diversos elogios como de críticas por parte de especialistas, comerciantes e motoristas. Uns argumentaram que, eliminando a oferta de bebida às margens das pistas, haveria uma redução efetiva de acidentes associados ao álcool; outros argumentaram que esta imposição é injusta, gerando prejuízo para os bares e restaurantes.

Apesar da celeuma em torno dos benefícios e prejuízos, o fato é que este ato administrativo expôs problemas para a sociedade enfrentar: o estímulo excessivo ao consumo de bebidas alcoólicas no país e as repercussões negativas que isto tem ou pode ter no deslocamento humano.

Diversos trabalhos científicos[1] indicam que o álcool é um fator que contribui fortemente para os acidentes de trânsito por provocar uma série de alterações:

- *Fisiológicas*, por exemplo, cansaço, fadiga e sonolência, que dificultam a mensuração da velocidade e da distância percebida e diminuem nossa capacidade de reação;
- *Psicológicas*, como acreditar que possuímos melhor capacidade para conduzir ou sentir uma falsa segurança em si mesmo, aumentando a tolerância ao risco e nos levando a tomar decisões mais perigosas do que as habituais;
- *Comportamentais*, isto é, o incremento de condutas impulsivas e agressivas que contribuem para o erro do motorista ou do pedestre.

A ciência, no entanto, não muda o comportamento por ela mesma. As pessoas é quem podem mudá-lo. Mas o que fazer quando beber é valorizado socialmente? Hoje em dia, ninguém convida mais uma pessoa para

---

[1] Como, por exemplo, os trabalhos de Hoffmann e Gonzáles e de Pechansky, Duarte e De Boni citados na bibliografia.

conversar; soa careta. Chamam para "tomar uma". É ou não é? Além disso, reforçam-se comportamentos que, em termos racionais, deveriam ser punidos; por exemplo, quando se diz com entusiasmo: "Poxa, você bebeu um litro de uísque sozinho, foi? Nossa, que cabra-macho!"

As empresas de bebida alcoólica, por sua vez, sabendo desta valorização social, atuam estimulando-a, no que, aliás, são bastante eficientes, associando a bebida a vários momentos bons e alegres da vida.

A indústria musical também é uma forte incentivadora e mantenedora do consumo de álcool. Algumas bandas de forró descobriram uma fórmula para o sucesso. É muito simples: basta fazer apologia à bebida em alguma parte do refrão, exagerar o seu consumo, adicionar uma pitada de "fama de machão", outra pitada de "ser querido pelos outros", especialmente pelas mulheres, e pronto; é só aguardar os contratos para as festas. Alguns *hits* que ocupam, ou já ocuparam, o primeiro lugar em muitas rádios brasileiras, especialmente no Nordeste, cantam:

Vamos embora pra um bar, beber, cair e levantar.

Depois que tomo a primeira não tenho hora pra parar, em todo bar que chego eu ligo o som do carro . . . em todo bar que chego uma cerveja pra lavar.

De bar em bar, de mesa em mesa, bebendo cachaça, tomando cerveja...

Levante o litro aí, quem for cabra safado... tá tudo liberado, é pra beber, é pra se embriagar.

Com tanto estímulo valorizando o ato de beber quase que compulsivamente, seria oportuno que a presidente Dilma elaborasse a MP número 416 no seu governo, proibindo o estímulo à bebida alcoólica nas propagandas e letras de músicas, estabelecendo punições severas.

Mas antes disso, caro leitor, exerça o seu pensamento crítico sobre a influência (in)direta e perigosa que a propaganda e a música podem ter sobre o seu consumo de bebida alcoólica e sobre seu deslocamento, a fim de que você possa escolher melhor, de modo mais consciente, a maneira de se comportar antes de pegar o volante do automóvel, o guidão da motocicleta ou mesmo sair a pé.

17
O que são duas mosquinhas?

Outro dia, assisti a uma reportagem na televisão sobre a exportação brasileira de mamão para a União Europeia. Fiquei surpreso com o elevado grau de exigência dos países europeus para essa comercialização, bem como a extrema atenção, empenho e responsabilidade do nosso governo e das empresas exportadoras em atendê-las. O nível de exigência para esse comércio é tanto que basta uma média de duas mosquinhas da fruta por armadilha (espalhadas por toda a lavoura) para que o contrato seja suspenso!

A reportagem mostrou, ainda, técnicos agrícolas do governo brasileiro avaliando e fiscalizando sistematicamente a produção de mamão, oferecendo orientações sobre as medidas necessárias a serem tomadas pelos produtores para que a qualidade do produto não diminuísse, o que implicaria na suspensão *imediata* do contrato de exportação.

Os produtores, por sua vez, percebiam que estas orientações eram importantes para o êxito comercial, devendo ser acatadas por todos. Resultado disso: *o Brasil é o maior produtor mundial de mamão, possuindo um padrão internacional de qualidade.*

Pois bem, fazendo um paralelo com a fiscalização no contexto do trânsito, pergunto ao leitor: como seria o trânsito brasileiro se contássemos com uma preocupação desse porte? Seria possível imaginar?

Por um lado, teríamos uma fiscalização exemplar das autoridades, verdadeiramente comprometidas e preocupadas em orientar o condutor, pedestre etc., possuindo as condições e portando os equipamentos necessários à boa fiscalização; por outro, uma disposição favorável de nós, usuários, em atender às exigências da lei.

Utilizando esta lógica, podemos entender que a resolução do problema dos acidentes de trânsito é possível a partir de uma *via dupla*. Primeira via: vontade política. Segunda via: nosso interesse.

Um governo comprometido em reduzir as estatísticas de acidentes se refletiria em medidas rigorosas e constantes. Usuários comprometidos em reduzir as mortes no trânsito se refletiriam na submissão justa, racional e almejada às regras de trânsito. Quando os usuários estão dispostos a colaborar, pressionam as autoridades por uma boa fiscalização. Não adiantará, por exemplo, uma fiscalização rigorosa, sem um compromisso nosso em obedecer. É preciso que a via dupla, de fato, funcione!

A reportagem falava em duas mosquinhas como parâmetro de qualidade... Mas o que são duas mosquinhas?

Qual o significado disso? Duas mosquinhas representam aqui o rigor, o compromisso com a qualidade, o esforço constante por um produto bom, que possa ser usufruído com segurança pelo consumidor, sem dano à sua saúde.

O que são duas mosquinhas no caso do trânsito? Em outras palavras, qual é o parâmetro para o governo e para nós usuários efetuarmos ações eficientes e eficazes voltadas à nossa própria segurança nos deslocamentos? Será o número de mortes por acidentes de transporte? Definitivamente não, pois o número de mortes por este tipo de acidente passou de 30.994 em 1998 para 39.211 em 2008, representando um aumento de 20%, segundo o *Mapa da violência 2011 – Os jovens do Brasil*, com dados do Ministério da Saúde[1]. Resultado: *temos um dos países com maior índice de acidentes de trânsito no mundo!*

Quantas pessoas precisam ainda ser vitimadas antes que surja a segunda mosquinha, isto é, para que seja feita alguma coisa séria? Quantos prejuízos ainda precisam ser causados? O que são essas duas mosquinhas (o parâmetro) para que você, leitor, aja de forma diferente a partir de hoje, tomando as medidas de segurança necessárias no trânsito, para que possamos obter tanto êxito quanto na reportagem citada? Deixo essa pergunta para você refletir e, o mais importante, *agir!*

---

[1] Recuperado em 16 de dezembro de 2011, de <www.mapadaviolencia.org.br>.

18
O uso correto e responsável da motocicleta

A primeira motocicleta com motor a combustão interna foi inventada na Alemanha por Gottlieb Daimler, considerado o pai do motociclismo, no final do século XIX. Desde então, este meio de transporte vem sendo cada vez mais utilizado, principalmente pela agilidade com a qual se desloca no trânsito, pelo baixo consumo de combustível e pelo preço acessível de aquisição e manutenção em relação aos automóveis. Dessa forma, a motocicleta veio facilitar o deslocamento das pessoas.

Atualmente, a motocicleta é usada para muitos fins, seja para a diversão, seja para atividade remunerada (transporte de passageiros e cargas, embora, em alguns casos, sem autorização). Nas grandes cidades, a motocicleta vem atender à demanda da sociedade atual por rapidez e agilidade no transporte. Assim, para dar conta das muitas exigências mercadológicas, não raro, os motociclistas usam seus veículos de forma incorreta e irresponsável, pressionados e motivados que estão, em função do contexto, para transgredir as normas de trânsito.

Em termos de comportamento, verifica-se que, no cotidiano, muitos motociclistas trafegam pelas calçadas, cortam caminhos passando por dentro de estabelecimentos comerciais (por exemplo, postos de gasolina localizados nas esquinas), passam por cima de canteiros, excedem a quantidade e o peso da carga transportada, além dos comportamentos quase "institucionalizados" de passar no sinal vermelho, não parar próximo da faixa de pedestre e andar na contramão.

Em termos numéricos, eis o preço dessas transgressões: de acordo com o relatório *Mapa da violência 2011 – Os jovens do Brasil*, na década de 1998 a 2008, a frota de motocicletas cresceu 368,8%, e estima-se que as mortes de motociclistas cresceram 506%. Em 1998, o Ministério da Saúde registrou que 1.894 motociclistas foram vítimas em acidentes de trânsito. Em 2008, o número aumentou para 11.471. Isto se reflete em tristeza para os familiares e em perdas econômicas para o país (cuidados com a saúde, perda de produção e gastos com remoção e translado). De acordo com o Instituto de Pesquisa Econômica Aplicada (IPEA), em um relatório apresentado em 2006, o custo médio por acidente de trânsito envolvendo motocicleta é algo em torno de R$ 75 mil.

Além da exigência social por rapidez, existe ainda a decisão deliberada do próprio piloto, justificando sua conduta transgressora em nome das facilidades que a motocicleta proporciona. Assim, essas pessoas esquecem que as leis de trânsito foram feitas para serem seguidas por todos os condutores de todos os veículos; de motos, inclusive!

Em razão desses comportamentos inadequados são instaladas e mantidas muitas das contendas entre carros e motos, fazendo com que a relação entre esses dois meios de transporte seja quase sempre tensa e conflituosa na busca por espaço nas vias.

Caro motociclista, sabemos das facilidades e vantagens dos deslocamentos com a motocicleta; todavia, o seu uso responsável requer a consciência de algumas limitações que lhe são inerentes, como, por exemplo, a pouca proteção contra choques e acidentes, e o pouco espaço destinado ao transporte de passageiros e cargas. Mas ninguém melhor do que você para saber de suas próprias limitações e das de seu veículo. Reflita mais sobre elas, pois esquecê-las ou não levá-las em conta poderá resultar em risco à sua saúde e à saúde dos outros usuários da via. A motocicleta veio para facilitar nossa vida, e não para prejudicá-la.

19
Comunicar é preciso

Na metade do ano de 2007, os cidadãos da cidade de Natal, Rio Grande do Norte, conviveram com algumas profundas e simultâneas mudanças no trânsito da cidade. Vamos a elas.

Na pista marginal à BR-101, sentido Centro Administrativo-Natal Shopping, o fluxo de veículos esteve impedido por cerca de três meses para obras da companhia de esgoto.

Na Avenida Bernardo Vieira, principal via de acesso à zona norte de Natal, a retirada de árvores e canteiros, a construção de faixa exclusiva para ônibus e a construção de paradas no centro da pista, durou mais de dez meses.

Na Avenida Engenheiro Roberto Freire, um dos principais acessos ao litoral sul da cidade, todo dia foi dia de mudança àquela época. As autoridades fecharam um retorno aqui, colocaram um sinal ali. Puseram uma parada de ônibus acolá, transferiram um sinal para cá. Além disso, algumas construções às margens da pista, como a de um novo supermercado, dificultaram ainda mais a circulação no entorno. Estas mudanças duraram mais de dois meses.

A polêmica Ponte Forte-Redinha sobre o rio Potengi (que liga o centro da cidade à zona norte), que há mais de dois anos teimava em não ficar pronta, continuava sendo construída.

Natal, assim como muitos lugares no Brasil, está crescendo, tomando ares de cidade grande; por isso, realmente, precisa mudar, expandir e realizar obras de infraestrutura. Assim, é preciso confiar na conhecida frase: "*O transtorno passa, o benefício fica*". Mas será que o benefício deve ser tão sofrido? Não seria possível minimizar o transtorno?

Sim, é possível minimizá-lo por um aspecto importante: a comunicação no trânsito. Comunicação tanto da *via* com o *usuário*, por meio de placas, cones, faixas etc., como da *autoridade de trânsito* com o *usuário*, pelos meios de comunicação de massa, como rádio, televisão e jornal.

Estes dois tipos de comunicação são fundamentais para os condutores e pedestres adaptarem seus comportamentos para se manterem em segurança. Quando a comunicação no trânsito não é bem planejada ou não existe, eventos de mudança viária como os ditos acima geram muita confusão nos pedestres, além de elevados índices de desgaste físico e emocional nos condutores, exigindo muito mais de suas capacidades psicológicas e comportamentais adaptativas. Consequentemente aumentam os riscos de acidentes de trânsito, uma vez que as autoridades responsáveis não possibilitaram nem o tempo devido, nem as condições necessárias para que o desgaste e a confusão dos usuários fossem minimizados.

No caso da comunicação *via-usuário*, regulamentada pelo Código de Trânsito, ela deve informar antecipadamente as condições da via, diminuindo os perigos de colisão e atropelamento, por meio de uma melhor sinalização de obras, de dispositivos temporários, como cavaletes, tapumes e cones, dentre outros sinais de advertência. A eficácia da comunicação, no entanto, fica bastante comprometida quando as placas são colocadas "em cima do problema", impossibilitando uma manobra preventiva por parte do motorista para desviar do obstáculo.

A comunicação *autoridade de trânsito-usuário*, quando feita de forma planejada, contínua e bem articulada, possibilita o esclarecimento acerca das razões e dos objetivos da mudança, assim como elucida onde e o que mudará, evitando surpresas desagradáveis aos usuários. Com informações disponíveis, as pessoas poderão comportar-se defensivamente, além de perceber as medidas como úteis. A aceitação das pessoas é um importante passo para o sucesso na implantação de qualquer medida de gerenciamento do trânsito.

Retomemos ao exemplo da Av. Roberto Freire, cujas mudanças à época ocorriam todo o dia e de maneira rápida em alguns locais. Quando os motoristas passavam pela manhã, não havia nada de novo, mas, ao voltarem do trabalho, logo observavam que nada ficara no lugar: encontraram retornos fechados, sinal onde antes não havia, máquinas na pista, areia e brita na calçada e no asfalto, e por aí vai. Infelizmente, este pode ser considerado um exemplo de má comunicação no trânsito.

A falta de investimento na comunicação das mudanças é fruto de vários fatores, como a falta de falta de dinheiro, o que é bastante comum. Todavia, pode ser reflexo também de velhas formas de pensar, por parte de alguns profissionais e autoridades. Em um caso real, certo dia, o psicólogo do trânsito, em conversa com o engenheiro de tráfego, perguntou-lhe:

– Quais projetos estão sendo desenvolvidos pelo seu setor? Eu poderia tentar colaborar para o êxito dos trabalhos?

O engenheiro olhou e disse:

– Estamos preocupados apenas com a segurança e a fluidez do trânsito; não estamos nem aí se os motoristas vão achar ruim ou não as mudanças que fazemos; eles se acostumam! – E, completando, disse: – Acho que seu lugar é na educação ou aplicando teste!

Excelentíssimas autoridades de trânsito, as concepções mais modernas sobre o ambiente do tráfego sugerem a participação da sociedade nos problemas da mobilidade humana, afinal é ela quem transita. Mais do que uma necessidade, é um dever se preocupar e melhorar a comunicação com o usuário. Se as pessoas não mudam seus comportamentos, as mudanças viárias demoram demais para se efetivarem, produzindo muitos transtornos, comprometendo a segurança desejada.

Está mais do que na hora de utilizar mais os canais de comunicação com a população, investindo maiores esforços na sinalização e na ampla divulgação da informação sobre as mudanças, pois isto ajudará a prevenir as ditas "fatalidades". Comunicar é preciso! Do contrário, adotaremos um novo jargão como sinônimo das obras viárias: *"O transtorno não passa, o benefício não fica!"*

20
A *internet* na educação para o trânsito

Em função da globalização e do rápido desenvolvimento tecnológico, o modelo de educação tradicional começa gradualmente a ser substituído por um modelo que agrega o uso da grande rede mundial de computadores, a *internet*, nos processos de ensino-aprendizagem. A *internet* é uma complexa ferramenta de aprendizado do mundo em que se pode localizar e compartilhar diversas informações, possibilitando, assim, uma educação mais autônoma, acessível e abrangente ao cidadão, sendo possível atingir diversas pessoas e contextos.

A educação para o trânsito, parte integrante da educação social, certamente, não deixa de ser afetada pelo uso da tecnologia da informação, que abre a possibilidade das intervenções educativas se ampliarem estrategicamente além dos ambientes formais das salas de aula, inserindo-se também nos ambientes virtuais.

Diversos são os recursos de comunicação *on-line* disponibilizados que podem servir como instrumentos educativos: os grupos de *e-mails*, o Orkut, YouTube,

Facebook, Skype e os *blogs*. Essas ferramentas virtuais possuem vantagens interessantes, pois são fáceis de usar e visualmente atraentes com seus recursos de som e imagem. Elas permitem, ainda, o diálogo direto comunicante-leitor, além de produzir grande fluxo na circulação de informações, opiniões, de crítica da realidade social e reivindicações de direitos.

Todavia, é oportuno salientar que, ao mesmo tempo em que, com o advento da *internet*, surgem possibilidades de expansão da educação para o trânsito, surgem também novos desafios, principalmente, em relação ao "o que" e "como" serão divulgados os conteúdos educativos.

O que comunicar?

Para o bom aproveitamento das ferramentas de comunicação virtual, é interessante que o conteúdo seja adequado às características do público-alvo, pois, em função disso, podem variar as temáticas a serem abordadas nos textos educativos.

Vários conteúdos podem ser abordados e esclarecidos, melhorando o nível de conhecimento das pessoas e gerando reflexões úteis para o comportamento responsável, por exemplo, legislação de trânsito, informes sobre mudanças nas vias, análises de situações de acidentes, reflexões sobre comportamentos de risco etc.

Nunca se deve perder de vista o conteúdo educativo, informativo, reflexivo da mensagem, uma vez que a tendência geral, quando se fala em trânsito, é comentar os aspectos trágicos e sensacionalistas, que, no nosso entendimento, não acrescentam muito ao conhecimento.

Como comunicar?

A finalidade, aqui, é atrair, cativar os leitores. Desse modo, as comunicações devem assumir um formato inovador, dinâmico e interativo, conectando-se aos acontecimentos e aos problemas vivenciados pelas pessoas no cotidiano, o que é mais difícil por meio dos livros. Essas características, mais do que desejáveis, são decorrentes do tipo de ferramenta escolhida para comunicar, como grupos de *e-mails*, *blogs* etc., que, em geral, são muito mais ágeis.

Os textos devem ser curtos, e a linguagem, acessível. Contar histórias, experiências de vida e notícias em destaque na mídia para abordar as questões ajuda o leitor a compreender a mensagem. Figuras, fotografias e vídeos curtos associados aos textos também são recomendados para suscitar reflexões.

Caros educadores, a educação para o trânsito deve começar a se apropriar e a utilizar permanentemente os recursos de comunicação que a *internet* proporciona. Os cidadãos comuns, os profissionais e as instituições responsáveis pelo trânsito, como os Departamentos Estaduais de Trânsito (DETRANs), as Secretarias de Trânsito e Transportes Urbanos Municipais, as autoescolas, as organizações não governamentais, precisam atentar para esta necessidade e desenvolver mais ações nesse sentido. Procedendo assim, a educação para o trânsito estará, efetivamente, cada vez mais próxima e acessível à sociedade.

21
Manutenção veicular para a proteção ambiental: "ecochatice" ou necessidade?

Algumas pessoas designam pejorativamente de "ecologistas chatos", ou simplesmente "ecochatos", aqueles que se dedicam a semear informações, esclarecimentos e modos adequados de condutas em prol do meio ambiente, este espaço que nos acolhe e nos dá todas as condições de sobrevivência.

Em decorrência desse pensamento, apesar dos graves problemas ambientais que observamos por meio do aquecimento global, das chuvas torrenciais, dos furacões, dentre outros inúmeros fenômenos naturais avassaladores da vida humana, tendemos a considerar estas questões uma *"ecochatice"*; e, assim, desprezamos os inúmeros alertas feitos por pesquisadores de instituições respeitadas, ambientalistas responsáveis e cidadãos comuns comprometidos socialmente, permanecendo inertes ante aos acontecimentos.

Não obstante, somos impelidos a tomar consciência da nossa responsabilidade com a degradação da natureza e do compromisso de cada um com o futuro das gerações porvindouras. Dessa maneira, os países mais desenvolvidos e suas grandes indústrias não são os únicos vilões que ameaçam a nossa qualidade de vida, mas nós também, com os nossos "carrinhos".

De acordo com organismos internacionais e nacionais, grande parte da poluição atmosférica é produzida pelos nossos próprios automóveis, emitindo gás poluente e partículas em quantidade superior às industriais; daí a necessidade de pôr em evidência o controle das emissões veiculares. A Agência Nacional de Transporte Público (ANTP), por exemplo, esclarece que nas grandes cidades os veículos motorizados são responsáveis por até 70% das emissões! Na cidade de São Paulo, conforme um relatório de qualidade do ar de 2010, os índices elevados de poluição do ar decorrem, principalmente, das emissões dos veículos.

A circulação motorizada tem gerado problemas ambientais não apenas por causa dos gases poluentes, mas também pelo descarte inadequado de resíduos não biodegradáveis, que, em muitos casos, são ilegalmente despejados diretamente no solo, no esgoto ou em galerias de águas pluviais, como óleos lubrificantes, graxas, pneus usados e baterias, cuja composição inclui chumbo e ácido sulfúrico diluído.

Nesse cenário, o que poderia ser considerado uma *simples* manutenção veicular, para além de ser uma *atividade menor*, uma *ecochatice*, evidencia-se como uma necessidade imperativa urgente, com vistas à proteção dos nossos recursos naturais e da nossa saúde. A seguir, facultamos a você, caro leitor, alguns esclarecimentos e sugestões de condutas para uma manutenção veicular esclarecida, na perspectiva de que haja uma menor degradação dos recursos naturais, o que se reverte em mais saúde para nós e economia na compra de peças:

- Realizar revisão periódica e manutenção preventiva, de acordo com as especificações do veículo: zelar pelos pneus, verificando a pressão, o balanceamento das rodas e fazendo o rodízio (colocar os pneus traseiros no lugar dos dianteiros); quando necessitar efetuar troca de óleo, procurar um estabelecimento que encaminhe este resíduo à reciclagem ou regeneração; devolver sua bateria usada nos pontos de venda, que são obrigados a aceitar a devolução de sua bateria usada e enviá-la ao fabricante para reciclagem; procurar consumir combustível de boa qualidade e de procedência não duvidosa, pois os poluentes emitidos pelo escape (fumaça preta) são o resultado da queima incompleta do combustível.
- A correta operação do veículo também é um importante fator para a redução do consumo de energia. Permanecer em marcha lenta por muito tempo consome muito combustível, e quanto

mais alta a velocidade, também maior será o consumo, portanto, nem tão devagar, nem tão rápido. Acelerações bruscas consomem considerável energia. Além disso, o barulho gerado nas arrancadas, com o arraste dos pneus e as rotações elevadas, aumentam o nível de ruído. Essa recomendação vale especialmente para os motociclistas que alteram os seus escapamentos e para os que possuem motos muito potentes. Deve-se zelar, ainda, pela bateria. Se o veículo passar muito tempo parado, ligue-o de vez em quando para recarregá-la.
– Diversificar a utilização dos meios de transportes, andando um pouco mais a pé, de bicicleta ou ônibus. A nossa dependência do carro atualmente é excessiva, como se só houvesse esta forma de nos locomover.

A atitude favorável em relação à correta e periódica manutenção de nossos veículos poderá contribuir para a significativa redução da poluição do ar e da poluição sonora; além disso, assumiremos uma postura mais inteligente e compatível com a proteção ambiental e com o nosso bolso. Para os que ainda insistirem em considerar isso tudo uma *ecochatice*, talvez ainda reste uma última reflexão: *o que é preferível; ser um ecochato ou um ecoagressor?*

22
O futuro do automóvel no século XXI

Não se pode negar que a expansão do transporte motorizado, em especial do automóvel, influenciou e influencia decisivamente no desenvolvimento das sociedades em todo o mundo, facilitando a vida das pessoas nos seus deslocamentos diários.

Desde o final do século passado, o carro se tornou um bem material essencial à vida de muitas pessoas, sem o qual parece ser inviável comparecer aos diversos compromissos assumidos, seja no trabalho, junto à família ou aos amigos, em função da dependência e do forte hábito que adquirimos.

Para muitos, o significado do automóvel vai além de ser um simples meio de locomoção: ele é um símbolo de *status*, prestígio, poder, realização e liberdade, capaz de influenciar o conceito que temos sobre nós mesmos (autoconceito). De acordo com psicólogos ingleses, sentimentos de autoestima, autonomia, proteção e prestígio estão mais associados às pessoas que usam carro do que àquelas que usam transporte público, configurando-se em verdadeiros ganhos psicológicos e sociais que sustentam a preferência pelo volante.

Talvez esses fatores ajudem a explicar o otimismo das concessionárias e a euforia dos vendedores. Um dia desses, fui a um hipermercado e vivenciei a seguinte situação: assim que entrei no estacionamento, que é bastante espaçoso, por sinal, deparei-me com um aglomerado de pessoas. Tratava-se de um feirão de automóveis. Um locutor, animado, falava com galhardia ao microfone que faltavam apenas três veículos para atingir a meta de vendas do dia. Curioso, fui ao encontro da multidão e perguntei a um dos corretores qual era a meta tão esperada. Animado, talvez percebendo-me como um potencial comprador, respondeu:

– São cinquenta carros novos por dia, senhor! E ainda são sete e trinta da noite!

Ao entrar no hipermercado deparei-me com uma ótica que estava vazia e, a julgar pela ausência de clientes, passei a acreditar que vender carros parece ser bem mais fácil do que vender óculos!

Embora os benefícios proporcionados, é igualmente inegável que o automóvel trouxe consigo sérias consequências negativas, principalmente na saúde pública e no meio ambiente, implicando em altos custos sociais, econômicos e emocionais, em função do aumento dos acidentes de trânsito, da poluição atmosférica e dos congestionamentos nos centros urbanos.

A este respeito, muitas capitais brasileiras têm quase tanto carro quanto gente. Em São Paulo, por exemplo, estima-se que exista aproximadamente um carro para cada dois habitantes. Nesta cidade, a poluição é responsável por muitas doenças respiratórias, gerando transtornos para muitas crianças e idosos, principalmente. Em relação aos acidentes de trânsito, a população jovem mundial é a que mais sofre as consequências do uso indevido do veículo, e as famílias têm sofrido com as perdas e as limitações físicas dos seus entes queridos.

Pensar, então, a respeito de todos esses pontos positivos e negativos do uso do automóvel pode ser muito importante não só para cobrarmos políticas sérias de trânsito das autoridades responsáveis, mas, principalmente, para identificarmos a relação que cada um de nós (e nossos filhos) temos ou queremos ter com este meio de transporte daqui para frente. Devemos examinar, portanto, a natureza da ligação *homem-veículo*.

Assim, espero ter apresentado alguns elementos para uma instigante provocação, caro leitor, que acredito que seja importante para o convívio e a harmonia no porvir: em sua opinião, diante do que foi exposto, qual será o futuro do automóvel no século XXI?

23
Manifesto pela educação no trânsito

> *Aos companheiros pesquisadores, especialistas, instrutores, professores, gestores e demais profissionais do trânsito.*

O deslocamento nas cidades está cada vez mais perigoso e desgastante, gerando diversos transtornos para todos que circulam nas ruas e calçadas do nosso país. Os jornais e telejornais divulgam amiúde reportagens que mostram os horrores de uma guerra sem vencedores. Infelizmente, esses meios de comunicação exploram o sofrimento, a tragédia e a infelicidade alheia, muito mais para ganhar audiência do que para educar o ser humano.

O telespectador, por sua vez, vê e assiste a tudo isso estarrecido, paralisando-se pelo medo das consequências negativas da imprudência e da falta de bom senso de muitos motoristas e pedestres, sem esboçar, no entanto, qualquer atitude de mudança de sua própria conduta, manifestando apenas revolta.

A educação *para o trânsito* que temos no Brasil, praticada em grande parte nos centros de formação de condutores, poderia muito bem ser rotulada de educação *para passar na prova do DETRAN*, esquecendo aquelas instituições do compromisso que deveriam ter para com a sociedade. Simultaneamente, a atuação de muitos órgãos de trânsito dos estados junto às escolas regulares tem-se resumido a palestras sobre como tirar a habilitação, em vez de explicar aos jovens as consequências potenciais que as ações impensadas no trânsito podem trazer para elas e para os outros; ou ainda, explicar os porquês da existência de certas normas que parecem, à primeira vista, restringir seus direitos e sua liberdade.

Com a percepção, muitas vezes distorcida, de que leis e resoluções de trânsito existem apenas para beneficiar financeiramente alguns setores do mercado, nossos jovens tornam-se transgressores conscientes, contribuindo para a desarmonia coletiva que experienciamos no tráfego das cidades.

Por sua vez, pais de família que não tiveram uma formação rigorosa para conduzir e conviver de maneira cordial nas ruas (re)transmitem valores deturpados aos seus filhos, que são os pedestres de hoje e, possivelmente, os futuros condutores de amanhã. Esquecem que o trânsito de vinte ou trinta anos atrás é muito diferente do atual em pelo menos duas coisas: a elevada quantidade de automóveis e a maior potência dos motores.

É necessário, portanto, desenvolver nas crianças e jovens conhecimentos, habilidades e atitudes importantes para sobreviver na atual selva de asfalto, veículos motorizados e bichos-homens furiosos. Em função desse despreparo, "nossos meninos" reproduzem equivocadamente os erros daqueles que teriam o dever de lhes orientar adequadamente.

Diante disso, parece ser inviável semear ideias e reflexões na tarefa pessoal dos pais, educadores, condutores e futuros condutores de educar a si mesmos e de transmitir boas ações aos outros. Contudo, devemos resistir, acreditar em um futuro mais feliz e harmonioso!

"Companheiros profissionais do trânsito, uni-vos!" É primordial oferecer ajuda, argumentos e ideias ao pai que queira conversar com o filho sobre como se comportar no trânsito, mas não sabe por onde começar ou não acha necessário. É urgente fundamentar e facilitar o trabalho de professores e instrutores de trânsito, disponibilizando conhecimentos e produzindo materiais que estimulem o debate em sala de aula dos diversos temas relacionados à segurança no trânsito.

Ao mesmo tempo, marchemos adiante na perspectiva de atrair a atenção dos jovens que ainda não dirigem ou que estão perto de adquirir a sonhada habilitação, contribuindo com a sua formação cidadã.

Usemos de diversas estratégias para alcançar estas nobres metas. Sempre que possível, optemos por não produzir materiais longos ou enfadonhos; o corre-corre dos tempos atuais dificulta demais a leitura de coisas exaustivas. Isto facilita também o trabalho dos educadores nas discussões a respeito de um assunto. Que as observações do cotidiano e as notícias nos jornais, por exemplo, sirvam de mote para "dar vida" a algumas ideias sobre os temas abordados, aliando tudo isso a uma linguagem acessível e interativa.

Não esqueçamos, companheiros, de buscar sempre aprender e atualizar nossos conhecimentos, buscando referências bibliográficas sérias para subsidiar os argumentos e pensamentos. Elas também poderão servir como sugestões para nossos leitores aprofundarem seus conhecimentos.

Nossas ações, discursos e textos devem ser coerentes e provocar reflexões, já que parece existir uma forte tendência de privilegiar tão somente os aspectos sensacionalistas do trânsito, vide a frequente associação entre trânsito e mortes, ferimentos, colisões e capotamentos, tanto na mídia como nos "discursos prontos" de muitas pessoas, inclusive especialistas. Se esta estratégia baseada no medo e nos números estatísticos funcionasse, certamente já teríamos alcançado a tão almejada e discutida segurança no trânsito.

Em vez disso, busquemos utilizar uma abordagem mais psicológica dos problemas, o que pode ser um modo interessante e útil para tentar estimular o leitor a pensar e a decidir por si mesmo, sem oferecer uma receita de bolo do tipo "faça isso assim, faça aquilo assado", embora em alguns casos isto se faça realmente necessário.

Companheiros, somente por meio de intenso trabalho e dedicação, acreditando no êxito da nossa tarefa no futuro, é que, por meio da educação, concretizaremos o nosso intento: *a paz no trânsito!*

Assinado,
O Partido dos Cidadãos Brasileiros.

Bibliografia

Aronson, E., Wilson, T. D., & Akert, R. M. (2002). *Psicologia social* (3º ed.). Rio de Janeiro: LTC.

Associação Nacional de Transportes Públicos. (2002). *O transporte público e o trânsito para uma cidade melhor*. São Paulo: Autor.

Bock, A. M. M. B., Furtado, O., & Teixeira, M. L. T. (1999). *Psicologias: uma introdução ao estudo de psicologia* (13ª Ed.). São Paulo: Saraiva.

Brasil. (1988). *Constituição da República Federativa do Brasil*. Brasília: Editora do Congresso Nacional.

Brasil. (2002). *Código de trânsito brasileiro*. Brasília: Editora do Congresso Nacional.

Chevrolet. (2007). *Celta: manual do proprietário*. São Paulo: Autor. Recuperado em, 21 de junho de 2007, de http://www.chevrolet.com.br

Companhia Ambiental do Estado de São Paulo. (2011). *Qualidade do ar no estado de São Paulo 2010*. São Paulo: Autor.

Conselho Federal de Psicologia. (2000). *Caderno de psicologia do trânsito e compromisso social*. Brasília: Autor.

Dillon, K. M., & Dunn, D. L. (2005). Passenger complaints about driver behaviors. *Accident Analysis and Prevention, 37*(6), 1012-1018.

Ellaway, A., Macintyre, S., Hiscock, R., & Kearns, A. (2003). In the driving seat: psychosocial benefits from private motor vehicle transport compared to public transport. *Transportation Research Part F, 6*(3), 217-231.

Esopo. (2004). *Fábulas*. São Paulo: Martin Claret.

Floriani, A. W., & Morigi, V. J. (2005). Circuitos comunicativos e construção da cidadania no ciberespaço: tramas do sentido em narrativas de weblogs [Trabalhos completos]. In *Anais do XXVIII Congresso Brasileiro de Ciências da Comunicação* (pp. 1-15). Rio de Janeiro: Intercom. Recuperado em 18 de junho de 2006, de http://www.intercom.org.br/papers/nacionais/2005/resumos/R0294-1.pdf

Gatersleben, B., & Uzzell, D. (2007). Affective appraisals of the daily commute: comparing perceptions of drivers, cyclists, walkers, and users of public transport. *Environment and Behavior, 39*(3), 416-431.

González, L. M. (1998). Retos de futuro en el ámbito del tráfico, el transporte y la seguridad vial. *Papeles del Psicólogo, 70*, 17-23.

Hoffmann, M. H., & Cruz, R. M. (2003). Síntese histórica da psicologia do trânsito no Brasil. In M. H. Hoffmann, R. M. Cruz & J. C. Alchieri (Orgs.), *Comportamento humano no trânsito* (pp. 17-29). São Paulo: Casa do Psicólogo.

Hoffmann, M. H., & Gonzáles, L. M. (2003). Acidentes de trânsito e fator humano. In M. H. Hoffmann, R. M. Cruz & J. C. Alchieri (Orgs.), *Comportamento humano no trânsito* (pp. 377-391). São Paulo: Casa do Psicólogo.

Hoffmann, M. H., & Legal, E. J. (2003). Sonolência, estresse, depressão e acidentes de trânsito. In M. H. Hoffmann, R. M. Cruz, & J. C. Alchieri (Orgs.), *Comportamento humano no trânsito* (pp. 341-358). São Paulo: Casa do Psicólogo.

Instituto de Pesquisa Econômica Aplicada, Departamento Nacional de Trânsito, & Associação Nacional de Transportes Públicos. (2006). *Impactos sociais e econômicos dos acidentes de trânsito nas rodovias brasileiras.* Brasília: Autores.

Marín, L., & Queiroz, M. S. (2000). A atualidade dos acidentes de trânsito na era da velocidade: uma visão geral. *Cadernos de Saúde Pública, 16*(1), 7-21.

Mello Jorge, M. H. P., & Koizumi, M. S. (2007). *Acidentes de trânsito no Brasil: um atlas de sua distribuição.* São Paulo: ABRAMET.

Minayo, M. C. S., & Deslandes, S. F. (1998). A complexidade das relações entre drogas, álcool e violência. *Cadernos de Saúde Pública, 14*(1), 35-42.

Monteiro, C. A. S., & Günther, H. (2006). Agressividade, raiva e comportamento de motorista. *Psicologia: Pesquisa & Trânsito, 2*(1), 9-17.

Organización Mundial de la Salud [OMS]. (2009). *Informe sobre la situación mundial de la seguridad vial: resumen*. Ginebra: Autor.

Pechansky, F., Duarte, P. C. A. V., & De Boni, R. B. (2010). *Uso de bebidas alcoólicas e outras drogas nas rodovias brasileiras e outros estudos*. Porto Alegre: Secretaria Nacional de Políticas sobre Drogas.

Queiroz, R. S. (2006). Os automóveis e seus donos. *Imaginário – USP, 12*(13), 113-122.

Ramal, A. C. (1996). Internet e educação. *Revista Guia da Internet.br, 4*. Recuperado em 18 de junho de 2006, de http://www.idprojetoseducacionais.com.br/artigos/Internet_Educacao.pdf

Rozestraten, R. J. A. (1988). *Psicologia do trânsito: conceitos e processos básicos*. São Paulo: E.P.U.

Silva, A. V., & Günther, H. (2004). O que pode "estressar" os motoristas de ônibus? *Revista dos Transportes Públicos, 26*(101), 97-107.

Silva, A. V., & Günther, H. (2005). Características de itinerário urbano e comportamentos inadequados de um motorista de ônibus. *Psicologia: Pesquisa & Trânsito, 1*(1), 33-44.

Tamayo, A. (1981). Autoconceito, índice de acidentes automotores, e posse do carro. *Psicologia: Ciência e Profissão, 1*(2), 101-116.

Waiselfisz, J. J. (2011). *Mapa da Violência 2011. Os Jovens do Brasil*. Brasília: Ministério da Justiça, Instituto Sangari

Wiesenthal, D. L., Hennessy, D. A., & Totte, B. (2000). The influence of music on driver stress. *Journal of Applied Social Psychology, 30*(8), 1709-1719.

Wilde, G. (2005). *O limite aceitável do risco: uma nova psicologia sobre segurança e saúde. O que funciona? O que não funciona? E por quê?*. São Paulo: Casa do Psicólogo.

Sobre o autor

Foto: Roberto Nociti

Fábio de Cristo é psicólogo (CRP-17/1296), especialista em Gestão de Pessoas e mestre em Psicologia pela UFRN. Atua como professor de cursos de capacitação para psicólogo perito examinador de trânsito e de especializações em Psicologia do Trânsito e em Medicina do Tráfego. Está realizando doutorado em Psicologia na Universidade de Brasília, sendo membro do Laboratório de Psicologia Ambiental, onde desenvolve pesquisas sobre as relações pessoa-ambiente no contexto do trânsito. O autor tem escrito capítulos de livros, artigos científicos e tem proferido palestras em instituições e eventos promovidos por entidades profissionais e científicas e por empresas do setor de transportes. Foi coordenador da comissão de Psicologia do Trânsito do Conselho Regional de Psicologia do Rio Grande do Norte (2007-2008) e, atualmente, coordena a Rede Latino-Americana de Psicologia do Trânsito (RELAPSITRAN), um grupo virtual que abrange colegas de vários países com o objetivo trocar informações, conhecimentos e ideias. É fundador do *Portal de Psicologia do Trânsito* (<www.portalpsitran.com.br>), cujo objetivo é disseminar a área no Brasil e, simultaneamente, socializar os conhecimentos produzidos por profissionais que estudam o comportamento no trânsito em outros países.

Impresso por:

Gráfica e editora

Tel: (11) 2769-9056